왕초보!!
북파
자미두수

왕초보!!
북파
자미두수

제 이 지음

學古房

　사람은 누구나 자기자신의 미래를 궁금해 하고 자신의 운명을 궁금해 한다. 어릴 때 나 역시 그러했다. 이 궁금증을 풀기 위해 시작된 나의 공부는 끝이 없었고 각양각색의 수많은 책들을 읽고 절실한 믿음으로 교회도 다니고 불교 서적도 읽고 인도까지 가서 명상을 했지만 그것들이 나의 호기심을 체계적으로 채워 주기에는 어딘가 부족하다는 느낌을 떨칠 수 없었다. 그럴수록 나는 종교와 명상의 자료들을 살펴보기 시작했고 그러다가 조금 더 깊은 학문적 접근인 인간의 타고난 운명에 대한 사주와 자미두수를 공부했다.

　그런데 동일한 질문을 사주나 자미두수 선생님들에게 했을 때 공통적으로 비슷하게 나오는 것도 있었지만 전혀 다른 답을 주는 경우도 허다했다. 100% 맞는다고 얘기하신 분도 있었으나 지나고 보면 틀린 것도 많은 게 현실이었다. 그래서 직접 사주를 공부했으나 외울 것도 너무 많고 학파마다 해석법이 달라서 중도에 포기했다. 그러다가 남파자미두수를 만났다. 사주보다는 나의 스타일에 맞는 학문이었다. 100여 개의 별과 12궁의 조합으로 사람의 운명을 보는 것으로 처음에는 참 쉬웠다. 마치 타로카드의 스프레드를 펼쳐 해석하는 것 같이 12궁이 스프레드이고 각 별들이 타로카드처럼 느껴져서 친숙하기도 했다. 고급 과정까지 마치고 여러 명의 선생님들의 강의를 들으니 어느 정도 정리가 되는 것처럼 느껴졌다. 그래서 주변 지인들에게 상담 및 조언을 해주는 일도 했었다. 취미수준에서 상담해주는 것은 그리 어렵지 않았다. 때로는 질문에 대해서 모호하게 답변해 주는 경우도 생겼다. 그러나 나도 욕심이 생겼다. 사람들이 묻는 질문에 바로바로 명확하고 정확하게 얘기해 주고 싶었다. 그래서 시중에 나와 있는 유명한 자미두수 책을 사서 공부했다. "심곡비결"이라는 책도 사서 열심히 공부했는데 끝이 보이지를 않았다. 너무 방대한 양이라 정리하기가 쉽지 않았다. 그때 우연히 북파자미두수라는 것을 알게 되었다. 남파자미두수가 100여 개의 별을 사용하여 사람의 운명을 보는 것이라면 북파자미두수는 18개의 별만 알면 쉽게 운명에 대한 해석이 가능하다는 것이다. 특히 북파자미두수는 사화를 중심으로 해석하기 때문에 원리만 알면 외울 것이 많지 않다는 말에 매력을 느꼈다. 한국에서는 18비성을 운용하는 북파자미두수 강의가 거의 없어서 싱가포르와 중국인 선생님들에게 직접 개인강습을 받았다. 강의는 영어로 진행되었지만 오히려 군더더기 없이 핵심만 전달되어 쉽게 이해할 수 있었다. 하루하루 수업을 배우면서 북파자미두수는 기존의 역학 체계와는 완전히 다른 신세계임을 알게 되었다. 최소한의 암기로 이렇게 다각도로 인생지도를 볼 수 있는 것에 너무나 기뻤다.

북파자미두수를 통해 나의 운명의 큰 길을 볼 수가 있었다. 내가 어떤 사람에게 끌리는지 나의 직업과 재물이 어떻게 되는지? 나의 강점은 무엇인지? 나의 약점은 무엇인지? 나의 운명을 최대로 활성화하기 위해서는 어디에 집중을 해야 하는지? 북파자미두수는 인생의 당면 문제에 대한 답을 바로 알 수 있다.

이 책은 북파자미두수의 기초적인 내용만을 중심으로 구성하였다. 시중에 출판된 어려운 내용이 아니라 역학을 처음 접하는 사람도 쉽게 이해할 수 있도록 심플하고 명확하게 설명하였다. 그리고 기초내용만으로도 자신이 어떤 사람이고 어떤 캐릭터를 가지고 태어났는지 강점이 무엇인지 약점이 무엇인지, 어떤 길을 가야 나의 운을 잘 사용할 수 있는지를 파악할 수 있다.

이 내용만 알아도 서양에서 도입된 MBTI 성격유형검사나 다양한 심리테스트보다 더 깊이 자신과 타인을 이해할 수 있다.

끝으로 이 책을 쓰기까지 수많은 질문들에 하나하나 친절히 설명을 해 주신 Ziwei.Asia의 Jimmy Woo, Lilian Metaphysics Science의 Lilian Heng 선생님께 깊은 감사를 드린다.

PART **1**
운명과 숙명

1.1 운명과 숙명

운명에 대해서는 먼 옛날부터 수많은 연구가 있었는데, 운명에 대해서는 2가지 견해로 압축해서 설명할 수 있다. 하나는 운명은 정해져 있다는 것과 또 다른 하나는 운명은 개척하는 것이라는 것이다.

이런 운명에 대한 주장은 고대로부터 끊임없이 논쟁이 되어왔으며, 지금까지 논의되고 있다.

태어나면서부터 정해진 것들을 숙명이라고 한다. 이 숙명이라고 하는 것은 자신에게 일어나는 모든 사건들은 반드시 발생하며 어떤 노력을 해도 어쩔 수 없다는 것이다. 이런 의견은 자신 스스로 운명을 개척하고 열심히 일해서 성공한 사람들에게는 받아들여질 수 없는 의견이다. 이와는 반대로 사람은 자신의 운명을 변화시킬 수 있는 능력을 가지고 있으며, 운명을 개척한다는 자체로 긍정적 견해를 보이는 의견이 있다. 이 말은 자신이 자신의 삶의 목표를 정해서, 최선을 다하며 노력을 하면 삶을 잘 살 수 있다는 것이다. 그러나 이런 의견은 사람의 운명은 정해져 있다고 하는 사람들에게는 역시 받아들여지지 않는 주장이다.

부모나 태어난 장소는 선택을 할 수 없다. 내가 가난한 환경에서 태어날지 부유한 환경에서 태어날지는 이미 정해진 것이다. 하지만 내가 어떤 부모를 만나든 어떠한 환경이 주어졌든 간에 그 환경을 개척해 나가는 것은 자신의 몫이다. 이것은 운명이다. 내가 태어나서 마약을 하는 것이 숙명일까? 내가 가난하게 사는 것이 숙명일까? 절대 아니다. 마약이나 돈을 버는 것은 자신의 의지로 충분히 변화시킬 수 있는 것이다. 물론 인생의 어떤 길은 내가 통제 할 수 없는 부분도 있지만 나머지 부분은 나의 운명을 변화하고 개척할 수 있다.

운명을 아는 것은 그 운명을 통찰하고 스스로 개척하기 위함 이지 그 운명에 그대로 순응하기 위함이 아니다. 점쟁이가 몇 년도에 연인과 헤어진다고 해서 그렇게 된다고 볼 수는 없는 것이다. 왜냐하면 운명의 주인은 자신이기 때문이다. 운명은 명주가 가진 성향을 나타낸다. 자신이 그 성향을 알고 자신을 바꾸면 운명은 바뀔 수 있는 것이다. 생각이 바뀌면 행동이 바뀌고, 행동이 바뀌면 습관이 바뀌고, 습관이 바뀌면 인격이 바뀌어서 운명이 된다. 결국 생각이 바뀌면 운명이 바뀐다.

1.2 / 운명의 진실

운명은 사람이 태어나서부터 죽을 때까지 그 사람의 인생에 일어나는 사건을 말한다. 어떤 사람들은 어떠한 사건으로 인생이 즐겁고 행복하지만, 어떤 사람들은 어떠한 사건으로 슬프고 고통스럽기까지 하다.

또한 이 세상에는 위대한 업적을 달성한 사람도 있고 평범하게 인생을 살면서 마감하는 사람들도 있다.

그렇다면 운명의 진실은 무엇일까? 운명에는 두 가지 모두가 다 포함되어 있다고 보면 된다. 반드시 일어나고 바꿀 수 없는 숙명이라는 부분과 자신이 노력해서 변화시킬 수 있는 운명이라는 두 가지의 의미가 내포되어 있다는 뜻이다.

옛 선조들은 아무리 인간이 바꾸려고 애를 쓰고 막으려고 노력해도 어쩔 수 없이 일어나는 사건들이 있다는 것을 받아들였다.

이와는 반대로 통제 가능한 운명이 있어서 자신이 어떤 선택을 하느냐에 따라서 그 결과가 바뀔 수 있는 부분도 있다는 것이다. 더 열심히 일하면 더 많은 것을 얻고, 그렇지 않으면 많은 것을 얻지 못한다는 것이다.

이로써 운명의 진실은 내가 아무리 노력해도 바꿀 수 없는 부분도 있지만, 많은 부분들은 자신의 선택에 의해서 변경될 수 있다는 것이며, 나는 운명의 주인으로서 얼마든지 자신의 인생을 개척해서 살아갈 수 있다는 것이다.

1.3 / 왜 북파자미두수를 배워야 하나?

고대 중국에서는 사람의 운명을 이해하기 위해서 복잡하고 구조화된 학문을 연구했다. 대표적으로 알려진 것이 사주팔자와 점성술이다. 점성술은 태어난 일과 시간의 별로서 사람의 운명을 이해하는 학문인데, 북파자미두수도 점성술의 한 종류이다.

자미두수는 크게 두 가지로 나눌 수 있다. 100여 개의 별로서 사람의 운명을 읽는 남파자미두수와 사화를 중심으로 사건을 보는 북파자미두수이다.

국내에서 출간되는 거의 대부분의 책은 남파자미두수이며 100여개의 별의 조합으로 사람의 운명을 읽는다. 그러나 별의 조합이 너무 많아서 외울 것이 너무 많고 공부하기도 쉽지가 않다. 반면에 북파자미두수는 18개의 별과 사화의 조합으로 해석이 된다. 사화가 어떤 식으로 날아가는지 공식만 알면 두 개의 궁이 연결되고 궁의 의미 연결로 사건을 해석 할 수 있게 된다.

북파자미두수는 암기보다는 이해에 중점을 두고 있어 짧은 시간에 배울 수 있고, 단기간에 주요 사안에 대해서 쉽게 해석할 수 있는 장점이 있다.

또한 북파자미두수 전용프로그램을 사용하면 사화 공식을 외울 필요도 없이 직관적으로 알 수 있다. 북파자미두수 무료 프로그램은 ziwei.asia 사이트에 가서 양력으로 생년월일시, 성별을 입력하면 자신의 명반을 바로 볼 수 있다.

자신의 운명을 이해하면 자신의 그릇을 알게 되고 자신의 장점과 단점, 한계를 알 수 있다. 그래서 자신의 장점은 최대화하고 자신이 통제 가능한 운명은 현명한 선택을 하여 더 나은 인생 여정을 살아갈 수 있는 것이다.

PART 2
북파자미두수의 기초

2.1 중국 형이상학Chinese Metaphysics의 기초

중국 형이상학은 오술에 바탕을 둔 고대 중국철학의 일부로 오술은 산, 의, 명, 복, 상 5가지로 나누어진다.

1. **산** (Mountain, 山)
   철학, 명상, 종교, 영적인 수양, 무술

2. **의** (Medicine, 醫)
   전통적인 중국 한의학, 침술

3. **명** (Destiny, 命)
   자미두수, 사주팔자

4. **복** (Devination, 卜)
   매화역수, 기문둔갑, 팔괘, 육임

5. **상** (Pysiognomy, 相)
   풍수, 손금, 관상

2.2 천간과 지지

10개의 천간과 12개의 지지로 나누어진다.

- **10개의 천간**

  갑(甲), 을(乙), 병(丙), 정(丁), 무(戊)

  기(己), 경(庚), 신(辛), 임(壬), 계(癸)

- **12개의 지지**

  자(子鼠), 축(丑牛), 인(寅虎), 묘(卯兔), 진(辰龙), 사(巳蛇)

  오(午马), 미(未羊), 신(申猴), 유(酉鸡), 술(戌狗), 해(亥猪)

자시	축시	인시	묘시	진시	사시
23:00 ~ 01:00	01:00 ~ 03:00	03:00 ~ 05:00	05:00 ~ 07:00	07:00 ~ 09:00	09:00 ~ 11:00
오시	미시	신시	유시	술시	해시
11:00 ~ 13:00	13:00 ~ 15:00	15:00 ~ 17:00	17:00 ~ 19:00	19:00 ~ 21:00	21:00 ~ 23:00

2.3 자미두수 명반과 12궁

1 자미두수 명반 ZiWeiDouShu Chart

자미두수 명반은 사람의 운명을 보는 데 사용된다. 자미두수 명반은 12궁으로 구성되어 있는데 12개의 지지(자, 축, 인, 묘, 진, 사, 오, 미, 신, 유, 술, 해)는 자리가 변경되지 않고 고정된다.

각 궁의 천간과 별은 생년월일시, 성별 및 특정 규칙에 따라 배치된다.

태음 문창 신사 관록궁	탐랑 우필 임오 교우궁	천동 거문 계미 천이궁	무곡 천상 좌보 갑신 질액궁
염정 천부 경진 전택궁			태양 천량 문곡 을유 재백궁
   기묘 복덕궁			칠살 병술 자녀궁
파군 무인 부모궁	 기축 명궁	자미 무자 형제궁	천기 정해 부처궁

2 12궁

자미두수 명반에는 12개의 Box가 있는데 각각의 Box는 궁을 의미한다. 궁의 배치 순서는 명궁, 형제궁, 부처궁, 자녀궁, 재백궁, 질액궁, 천이궁, 교우궁, 관록궁, 전택궁, 복덕궁, 부모궁이다.

외우는 방법은 첫 글자를 따서 암기하면 된다.

> ### 명형부자 재질천교 관전복부

명궁(Self) – 1

형제궁(Siblings) – 2

부처궁(Spouse) – 3

자녀궁 (Children) – 4

재백궁(Wealth) – 5

질액궁(Health) – 6

천이궁(Abroad, Travel) – 7

교우궁(Friends) – 8

관록궁(Career) – 9

전택궁(Property) – 10

복덕궁(Mental) – 11

부모궁(Parents) – 12

명궁 사	부모궁 오	복덕궁 미	전택궁 신
형제궁 진			관록궁 유
부처궁 묘			교우궁 술
자녀궁 인	재백궁 축	질액궁 자	천이궁 해

3 궁별 사안

12궁은 우리가 알고 싶어 하는 사안을 의미한다. 예를 들어서 만약 나와 형제자매와의 관계운을 알고 싶다면 형제궁이 주요궁이 된다. 또 나와 부모와 관련된 사안을 알고 싶다면 부모궁을 보면 된다. 또한 내가 어떤 직업에 어울리는지에 대한 사안이 알고 싶다면 관록궁을 보면 된다.

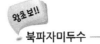

4 대운, 년운, 월운

사람의 인생은 10년 단위로 나눠지는데, 대운은 각 10년의 운을 의미한다. 그래서 대운이 왔다는 것은 좋다는 의미가 아니라 10년의 시작이 도래했다는 것이다.

년운은 태어난 후 각각 1년의 운을 의미하고, 년운은 1년마다 바뀐다. 월운은 1년 동안의 각각의 월의 운을 의미하고 월운은 매달 바뀐다.

2.4 사화 및 충

1 사화는 록, 권, 과, 기, 충

록 긍정적 의미, 성장하다.

권 힘, 권력, 통제하다.

과 명예를 얻다, 도움을 받다.

기 부정적 의미, 신경을 너무 많이 쓴다.

충 관계가 끊어짐(disconnection, separation)

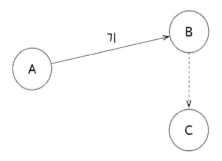

A궁이 B궁에 화기를 날리고 B의 댓궁(반대편에 위치한 궁)이 C일 때 A궁은 C궁을 충한다.

2.5 생년사화

생년사화는 태어난 해의 천간에서 발생하게 된다. 예를 들어 명주가 갑년에 태어났다면 염정이 있는 궁에 생년화록, 파군이 있는 궁에 생년화권, 무곡이 있는 궁에 생년화과, 태양이 있는 궁에 생년화기가 붙게 된다.

2.6 / 비성사화

비성사화는 flying star Sihua라고 하는데 출발궁에서 도착궁으로 특정 규칙에 따라서 사화를 날리는 것을 의미한다.

예를 들어 출발궁의 천간이 갑자이며 궁이 명궁이라고 할 때, 갑궁은 염정의 별이 있는 궁에 록, 파군이 있는 궁에 권, 무곡이 있는 궁에 과, 태양이 있는 궁에 기를 날리게 된다.

전택궁	관록궁	교우궁	천이궁
	염정		파군
사	오	미	신
복덕궁			질액궁
	록	권	무곡
진		과	유
부모궁			재백궁
		기	태양
묘			술
명궁	형제궁	부처궁	자녀궁
갑인			
갑인	축	자	해

만약 염정이 관록궁, 파군이 천이궁, 무곡이 질액궁, 태양이 재백궁에 있으면, 명궁이 관록궁에 록을 날리고, 명궁이 천이궁에 권을 날리고, 명궁이 질액궁에 과를 날리고, 명궁이 재백궁에 기를 날린다고 얘기한다.

2.7 자사화

자사화는 특정 천간에서 사화를 날려서 자기 자신의 궁으로
되돌아오는 것을 의미한다. 예를 들어 갑궁에 염정의 별이 있을
때 갑궁에서 록을 날리면 염정이 있는 궁, 즉 갑궁으로 다시 되
돌아오게 된다. 갑궁은 자화록이 배치가 되는 것이다.

전택궁 사	관록궁 오	교우궁 미	천이궁 신
복덕궁 진			질액궁 유
부모궁 묘			재백궁 술
명궁 자화록 염정 갑인	형제궁 축	부처궁 자	자녀궁 해

2.8 아궁과 타궁

1 아궁

아궁은 명궁 자신의 운명에 직접적인 영향을 미치는 궁이다. 가장 중요한 궁이며 가장 먼저 해석한다.

명궁(1), 재백궁(5), 관록궁(9), 질액궁(6), 전택궁(10)

전택궁 사	관록궁 오	교우궁 미	천이궁 신
복덕궁 진			질액궁 유
부모궁 묘			재백궁 술
명궁 인	형제궁 축	부처궁 자	자녀궁 해

2 타궁

타궁은 아궁을 제외한 궁이며, 자신의 운명에 간접적인 영향
을 미치는 궁이다.

형제궁(2), 부처궁(3), 자녀궁(4), 천이궁(7)
교우궁(8), 복덕궁(11), 부모궁(12)

전택궁 사	관록궁 오	교우궁 미	천이궁 신
복덕궁 진			질액궁 유
부모궁 묘			재백궁 술
명궁 인	형제궁 축	부처궁 자	자녀궁 해

2.9 자미두수 성계와 12궁의 의미

　12궁은 명궁으로 시작하여 시계반대방향으로 순서를 나열하였다.

1. 명궁은 나 자신을 나타내며 1번째 궁이다.

2. 어릴 때 형제, 자매와의 관계는 매우 친밀하다. 그래서 다음 궁은 2번째 궁인 형제궁이다.

3. 대부분의 사람들은 성장하면 결혼을 하게 된다. 그래서 다음 궁은 3번째 궁인 부처궁이다..

4. 결혼 후 아이를 낳게 된다. 그래서 다음 궁은 4번째 궁인 자녀궁이다.

5. 아이를 키우기 위해서 우리는 돈이 필요하다. 그래서 다음 궁은 5번째 궁인 재백궁이다.

6. 돈을 벌기 위해서 일을 할 때 건강은 매우 중요하다. 그래서 다음 궁은 6번째 궁인 질액궁이다.

7. 소통하기 위해서 밖으로 나가야 한다. 그래서 7번째 궁인 천이궁이 질액궁 다음이다.

8. 친구와 동료들과의 관계는 꼭 필요하다. 그래서 다음 궁은 8번째 궁인 교우궁이다.

9. 기본적으로 우리는 다른 사람들을 위해서 일하거나 자신의 사업을 하게 된다. 그래서 9번째 궁인 관록궁이다.

10. 열심히 일한 후에 우리는 집을 산다. 그래서 다음 궁은 10

번째 궁인 전택궁이다.

11. 가족과, 돈과 직업이 있으면 이제는 긴장을 푸는 시간이
   다. 그래서 다음 궁은 그래서 다음 궁은 11번째 궁인 복덕
   궁이다.

12. 나는 부모에 의해서 태어났다. 그래서 명궁 앞의 궁은 부
   모궁이며 12번째 궁이 되는 것이다.

1 명궁

전택궁 사	관록궁 오	교우궁 미	천이궁 신
복덕궁 진			질액궁 유
부모궁 묘			재백궁 술
명궁 인	형제궁 축	부처궁 자	자녀궁 해

1. 명궁은 나의 인격, 개성, 재능을 나타낸다.
2. 나의 모든 것을 나타내며, 나의 인생의 우여곡절도 모두 포함한다.

2 형제궁

전택궁 사	관록궁 오	교우궁 미	천이궁 신
복덕궁 진			질액궁 유
부모궁 묘			재백궁 술
명궁 인	형제궁 축	부처궁 자	자녀궁 해

1. 형제궁은 형제자매의 성격, 형제자매들과의 관계를 나타낸다.
2. 형제자매처럼 가까이 지내는 회사동료나 친구도 나타낸다.

3 부처궁

전택궁	관록궁	교우궁	천이궁
사	오	미	신
복덕궁			질액궁
진			유
부모궁			재백궁
묘			술
명궁	형제궁	부처궁	자녀궁
인	축	자	해

1. 부처궁은 나의 배우자의 인격, 성격, 재능 및 배우자와의 관계를 나타낸다.
2. 로맨스 운을 읽는 궁이며, 재백궁(부처궁의 부처궁)과 연결하여 결혼 후의 결혼관계도 나타낸다.

4 자녀궁

전택궁	관록궁	교우궁	천이궁
사	오	미	신
복덕궁			질액궁
진			유
부모궁			재백궁
묘			술
명궁	형제궁	부처궁	자녀궁
인	축	자	해

1. 자녀궁은 자녀의 성격, 인격, 재능 및 자녀와의 관계를 나타낸다.
2. 비즈니스 파트너십을 의미하여 동업이 길한지 흉한지도 알 수 있다.
3. 성(sex) 기능, 성 건강을 나타낸다.
4. 자녀궁은 천이궁과 연결되어 사고궁(accident palace)이 된다.

5 재백궁

전택궁 사	관록궁 오	교우궁 미	천이궁 신
복덕궁 진			질액궁 유
부모궁 묘			재백궁 술
명궁 인	형제궁 축	부처궁 자	자녀궁 해

1. Money palace 라고 하며 현금흐름(Cash flow)을 나타낸다.

2. 돈을 벌 수 있는 능력과 기회를 나타낸다.

3. 배우자의 배우자를 나타낸다.

6 질액궁

전택궁 사	관록궁 오	교우궁 미	천이궁 신
복덕궁 진			질액궁 유
부모궁 묘			재백궁 술
명궁 인	형제궁 축	부처궁 자	자녀궁 해

1. 질액궁은 건강상태나 육체적인 힘을 나타낸다.
2. 병에 대한 징후를 나타낸다.
3. EQ(Emotional Quotient, 감성지수)를 나타낸다.

7 천이궁

전택궁	관록궁	교우궁	천이궁
사	오	미	신
복덕궁			질액궁
진			유
부모궁			재백궁
묘			술
명궁	형제궁	부처궁	자녀궁
인	축	자	해

1. 천이궁은 여행운을 나타내며 교통사고도 포함한다.
2. 기회의 궁으로 밖에서 활동할 때 조력자를 만날 수 있는 기회도 나타낸다.
3. 전생궁이며 전생에 어떤 삶을 살았는지 나타내기도 한다.

8 교우궁

전택궁 사	관록궁 오	교우궁 미	천이궁 신
복덕궁 진			질액궁 유
부모궁 묘			재백궁 술
명궁 인	형제궁 축	부처궁 자	자녀궁 해

1. 교우궁은 친구나 동료 관계를 나타낸다.
2. 직장에서의 보스(boss) 및 사회적 관계를 나타낸다.

9 관록궁

전택궁	관록궁	교우궁	천이궁
사	오	미	신
복덕궁			질액궁
진			유
부모궁			재백궁
묘			술
명궁	형제궁	부처궁	자녀궁
인	축	자	해

1. 관록궁은 직업이나 사업을 나타낸다.
2. 학생들에게는 Study Palace의 의미로 공부나 시험의 결과를 나타낸다.

10 전택궁

전택궁	관록궁	교우궁	천이궁
사	오	미	신
복덕궁			질액궁
진			유
부모궁			재백궁
묘			술
명궁	형제궁	부처궁	자녀궁
인	축	자	해

1. 전택궁은 축적된 재백(accumulated wealth) 및 집, 땅을 나타낸다.
2. 집안의 환경 및 풍수를 나타낸다.
3. 집에서의 가족과의 관계를 나타낸다.

11 복덕궁

전택궁	관록궁	교우궁	천이궁
사	오	미	신
복덕궁			질액궁
진			유
부모궁			재백궁
묘			술
명궁	형제궁	부처궁	자녀궁
인	축	자	해

1. 복덕궁은 정신이나 행복의 상태를 나타낸다.

12 부모궁

전택궁 사	관록궁 오	교우궁 미	천이궁 신
복덕궁 진			질액궁 유
부모궁 묘			재백궁 술
명궁 인	형제궁 축	부처궁 자	자녀궁 해

1. 부모궁은 부모의 성격, 인격, 재능 및 부모, 연장자들과의 관계를 나타낸다.
2. 정부나 정부 관리를 나타낸다.
3. IQ(Intelligence Quotient, 지능지수)를 나타낸다

2.10 12궁별 사화의미

1 사화공식

천간	록	권	과	기
갑	염정	파군	무곡	태양
을	천기	천량	자미	태음
병	천동	천기	문창	염정
정	태음	천동	천기	거문
무	탐랑	태음	우필	거문
기	무곡	탐랑	천량	문곡
경	태양	무곡	태음	천동
신	거문	태양	문곡	문창
임	천량	자미	좌보	무곡
계	파군	거문	태음	탐랑

2 12궁별 화록 의미

1. 행복한 생활, 느긋한(easy going), 자라다, 증가하다.
2. 타인과의 좋은 관계(good relationship)를 의미한다.
3. 똑똑하고, 재능 있고, 이해심이 많다.
4. 불운이 있을 때도 살아남고 극복한다.

1) 명궁 록

1. 재물운이 좋고 행복한 삶이다.
2. 똑똑하고, 영리하고 재능이 있다.
3. 타인과의 관계가 좋고, 애쓰지 않는 편한 삶을 말한다.
4. 관대하고 상대에게 도움이 된다.
5. 항상 바쁘다.

2) 형제궁 록

1. 형제자매가 있고, 형제자매와 관계가 좋다.
2. 형제자매의 도움으로 돈을 쉽게 번다.
3. 정부기관이 아닌 사립 기관에서 일 또는 공부를 한다.

3) 부처궁 록

1. 연애운이 좋고 결혼을 한다.
2. 연애나 결혼관계에서 행복한 생활을 한다.
3. 배우자의 도움으로 돈을 쉽게 번다.

4. 어린 나이에 쉽게 사랑에 빠진다.(어린 나이에 결혼한다는 뜻은 아니다.)

5. 배우자는 소통능력이 뛰어나고 배우자의 재운(wealth luck)도 좋다.

4) 자녀궁 록

1. 명주(chart owner)는 자녀가 있고, 아이를 가진 후에 명주의 운이 상승된다.

2. 자녀와의 관계가 매우 좋고, 자녀와 소통이 잘 된다.

3. 파트너십이나 가르치는 일로 돈을 많이 번다.

4. 엔터테인먼트를 즐긴다.

5. 성 생활(sex life)이 왕성하다.

5) 재백궁 록

1. 돈 벌기를 좋아하고, 돈을 버느라 항상 바쁘다. 돈은 타인과의 좋은 관계로부터 들어온다.

2. 재무능력은 약해서 재무관리에는 크게 집중하지 않는다.

3. 재백궁은 부처궁의 부처궁이라서 결혼 후에 배우자와 관계가 좋고, 소통이 원활하다.

6) 질액궁 록

1. 건강 문제의 불운으로부터 살아남는다. 일반적으로 건강상태가 좋다.

2. 성격이 좋으며 약간 게으르다.

3. 살이 찐 경우가 많다.

7) 천이궁 록

1. 밖에서 돈을 벌 기회가 많고 외부 운이 좋다.

2. 여행할 때 사람들과 쉽게 친해지고 도움을 받는다.

3. 나이가 들었을 때 운이 좋다.

8) 교우궁 록

1. 친구와 동료들 간의 관계가 좋으며, 주변에 항상 친구가 있다.

2. 친구와 동료들의 도움을 받는다.

9) 관록궁 록

1. 직장 동료들과 관계가 좋다.

2. 일이 매우 바쁘고 바쁜 일로부터 돈을 많이 번다.

3. 학생의 경우 학창시절에 공부를 잘한다.

4. 직업운이 좋고 일할 때 동료들로부터 도움을 받는다.

10) 전택궁 록

1. 주거 환경이 좋다.

2. 집을 사고파는 운이 좋다.

3. 가족과 관계가 좋고 가정이 화목하다.

11) 복덕궁 록

1. 인생을 즐기는 것에 중심을 두고 산다.
2. 긍정적인 자세를 가지고 상대에게 도움을 주는 것을 좋아한다.
3. 영리하고 이해심이 많다.
4. 정신 및 영적인 분야에 적합하다.

12) 부모궁 록

1. 부모와 관계가 좋다.
2. 부모나 연장자로부터 쉽게 도움을 받는다.
3. 똑똑하고 자신의 지혜로 돈을 번다.
4. 도매나 에이전시, 대기업, 정부에서 일하기 적합하다.

3 12궁별 화권 의미

> 1. 리더십, 권력, 권위를 상징한다.
> 2. 강하고 완고한 성격이며 약간 이기적이다.
> 3. 특수 기술 분야에 재능이 있다.
> 4. 의견이 불일치하고 논쟁이 끊이지 않는다.
> 5. 넘어지거나 화상 등으로 인한 부상이 발생한다.
> 6. 개인적인 권력이나 부동산 가치가 상승된다.

1) 명궁 권

1. 리더십이 강하다.

2. 강한 성격이며 약간 공격적이다.

3. 진지하고 책임감이 있다.

4. 재능이 있고 열심히 일한다.

5. 1개 또는 1개 이상의 전문 기술을 가지고 있다.

6. 새로운 사업을 할 능력이 있고 긍정적이며 쉽게 포기하지
   않는다.

7. 쉽게 논쟁하고 배반당하기 쉽다.

2) 형제궁 권

1. 형제와 자매는 리더십이 강한 사람이다.

2. 형제자매는 전문분야의 기술에 종사한다.

3. 형제자매는 강한 성격이며 공격적이지만 의리가 있고 쉽
   게 포기하지 않는다.

4. 형제자매와 쉽게 논쟁한다.

3) 부처궁 권

1. 배우자가 강한 성격이며 리더십이 강하다.
2. 배우자가 쉽게 포기하지 않고 전문분야로 진출한다.
3. 집안에서 권력을 잡고 책임감이 강하다.
4. 명주(chart owner)와 쉽게 논쟁한다.
5. 성격이 강해서 늦게 결혼하는 것이 낫다.
6. 결혼 후에 직업운이 상승한다.

4) 자녀궁 권

1. 자녀들이 있으며, 그들의 성격은 강하고 약간 공격적이다.
2. 자녀들을 교육하는 데 인내심이 필요하다. 자녀들을 대할 때 강하게 밀어붙인다.
3. 자녀를 가진 후에 직업운이 좋아진다. 자녀는 나의 직업운을 상승시킨다.
4. 명주는 강한 성적 욕망이 있으며 성생활(Sex life)이 왕성하다.

5) 재백궁 권

1. 긍정적인 태도의 소유자이며, 돈을 벌고 싶은 욕구가 강해 대부분 부자가 된다.
2. 돈을 버는데 전문적인 기술을 사용하고 사업에 적합하다.
3. 돈을 벌려고 할 때 쉽게 논쟁하고, 쉽게 배신당한다.
4. 나의 재백운은 편차가 심하고 돈을 번 후에 많이 쓴다.

6) 질액궁 권

1. 타박상이나 화상 등 외상을 당하기 쉽다(특히 어릴 때).
2. 강한 기질이며 자신을 강하게 밀어 붙인다.
3. 항상 바쁘다.

7) 천이궁 권

1. 밖에서 재능이나 리더십을 나타낸다. 자신이 태어난 곳에서 머무르지 않고 타향에서 기회가 좋다.
2. 외부에서 기회가 많지만 논쟁을 조심해야 한다.
3. 천이궁에서 화권과 화기가 동시에 만날 때 여행에서 불의의 사고를 유의해야 한다.

8) 교우궁 권

1. 친구들이 강한 리더십을 가지고 있고 책임감을 갖고 열심히 일한다.
2. 명주와 친구들은 쉽게 논쟁한다.

9) 관록궁 권

1. 새로운 사업을 시작하는 능력을 가지고 있고, 사업에서 크게 성공한다.
2. 항상 긍정적이고 쉽게 포기하지 않는다.
3. 회사에서 일을 한다면 부하직원들을 관리하는 직급까지 올라간다.

4. 직장에서 책임감과 리더십을 가지고 열심히 일한다.

5. 사람들을 관리할 수 있는 리더십이 있다.

6. 사람들과 쉽게 논쟁하고 쉽게 배신당한다.

10) 전택궁 권

1. 부동산을 소유하고 있고 부동산을 구매하는 것을 좋아한다.

2. 집안 내부를 럭셔리하게 장식한다.

3. 집에서 권력을 가지고 가족들과 쉽게 논쟁한다.

11) 복덕궁 권

1. 인생을 즐기는데 많은 돈을 쓴다.

2. 사람들 앞에서 체면을 잃는 것을 걱정하고, 자신의 인생스타일을 즐긴다.

3. 똑똑하고 확신에 차며, 항상 자신을 바쁘게 채찍질한다.

4. 약간 고집스럽고 이기적이며, 가끔은 외로움을 탄다.

5. 자신의 의견을 자유로이 표현하며 타인에 의해 통제 당하기를 원치 않는다.

12) 부모궁 권

1. 명주의 부모는 강하고 위엄 있으며 항상 바쁘다.

2. 명주와 부모는 쉽게 논쟁하고, 세대차이가 난다.

4 12궁별 화과 의미

1. 공부를 열심히 해서 전문 자격증을 취득한다.
2. 똑똑하고, 지식이 있으며 재능이 있다.
3. 필요할 때 조력자의 도움을 받는다.
4. 건강 이슈와 관련이 있을 때 불운으로부터 살아남는다.
5. 온순하고 스타일리쉬하다.

1) 명궁 화과

1. 영리하고 지식과 재능이 있다.
2. 상대가 나를 어떻게 생각하는지 늘 생각하고 자신의 체면 치레에 신경 쓴다.
3. 타인과 잘 어울리고 사람들은 도운다.
4. 가끔 생각을 너무 많이 하고 옛 시절을 생각한다.
5. 온순하고 예의바르며 매력적이다.
6. 연애에 있어서 매너가 좋다.
7. 공부를 열심히 해서 전문 자격증을 취득한다.
8. 필요할 때 귀인이 나타나서 불운에서 살아남는다.

2) 형제궁 화과

1. 형제자매와의 관계가 좋고 즐겁다.
2. 인생에서 형제자매의 도움을 받는다.
3. 명주의 형제자매는 부드럽고, 똑똑하고 매력적이며 공부를 잘한다.

3) 부처궁 화과

1. 명주의 배우자는 부드럽고, 재능이 있고 똑똑하고, 매력적이며 매너가 좋다.

2. 결혼 후에 나의 운은 상승되고 내 배우자는 인생에서 큰 도움을 주는 귀인이다.

3. 대부분 친구나 동료들이 나에게 배우자를 소개한다.

4) 자녀궁 화과

1. 명주는 자식이 있으며 자식들은 예의바르고 자라면서 재능 있고 똑똑하며 매력적이게 된다.

2. 명주는 자녀와 관계가 좋아서 논쟁하지 않는다.

3. 아이가 태어나고 나의 직장운이 상승된다.

4. 인생에서 사업할 기회가 생기지만 큰 성과를 이루는 것을 의미하지는 않는다.

5. 로맨틱한 환경이며 성생활(Sex life)에 만족한다.

5) 재백궁 화과

1. 나의 경제적 능력은 좋고 직업은 회계사에 적합하다.

2. 개인 사업보다는 회사에서 일하는 게 더 낫다. 즉, 일정하고 꾸준한 수입이 유리하다.

3. 인생에서 재정적 문제는 그리 많지 않고, 위기 상황에서도 쉽게 해결된다.

6) 질액궁 화과

　1. 성격이 영리하고 조용하며 유머가 있다.

　2. 건강이 그리 좋은 편은 아니지만 큰 문제는 없다.

　3. 소극적이며 일을 미루는 경향이 있다.

7) 천이궁 화과

　1. 밖에서 좋은 기회가 있고 다른 사람들로부터 도움을 많이 받는다.

　2. 여행할 때 사람을 대하는데 온유한 성격이며, 매력적인 매너를 가지고 있다.

8) 교우궁 화과

　1. 친구나 동료가 나에게 잘해준다.

　2. 친구와 동료들과 관계가 좋고 그들은 인생에서 큰 조력자다.

9) 관록궁 화과

　1. 기획, 디자인, 교육, 예술 분야에서 일하기 적합하다.

　2. 지속적으로 업무에 대한 진전이 있고 직장 동료들로부터 쉽게 도움을 받는다.

　3. 학창시절에 공부를 잘하고 시험 성적이 좋고, 평생 공부한다.

10) 전택궁 화과

1. 부동산을 소유하고 있으며 집안 환경이 안락하고 우아하
   다.
2. 가족들과 관계가 좋고 집에 있는 것을 즐거워 한다.

11) 복덕궁 화과

1. 사교성이 좋고 인생을 즐긴다.
2. 따스한 마음으로 상대를 도운다.
3. 항상 즐겁고 자기수양을 하고, 나이가 들수록 인생이 편해
   진다.

12) 부모궁 화과

1. 부모들은 매우 세심하고 지식이 풍부하다.
2. 명주는 부모들과 관계가 좋다.
3. 부모나 연장자들은 명주를 도와준다.
4. 명주는 똑똑한 사람이다. 왜냐하면 부모궁은 명주의 IQ를
   나타내기 때문이다.

5 12궁별 화기 의미

1. 부정적이고 고집스럽다.
2. 너무 지나치게 관심을 가진다.
3. 근심 걱정이 많다.
4. 행복하지 않다.

1) 명궁 화기

1. 고집이 세고 내향적인 사람이고, 자존감이 무척 강하다.
2. 이기적이고 부정적인 생각을 많이 한다.
3. 연구, 개발, 수학, 형이상학 분야에 적합하다.
4. 사업을 하는 것보다 회사에 다니는 것이 낫다.

2) 형제궁 화기

1. 자존감이 강하고 보수적인 형제자매가 있다. 그들은 인생이 순탄하지 않다고 생각한다.
2. 형제자매와 관계가 좋지 않고, 쉽게 논쟁한다.
3. 논쟁을 피하기 위해서 형제자매와 함께 일을 하지 않는 것이 좋다.

3) 부처궁 화기

1. 자존심이 강하고 보수적인 성향의 사람과 결혼한다.
2. 배우자와 논쟁이 심하다.
3. 결혼을 늦게 하는 것이 좋고, 만약 일찍 결혼하게 된다면

결혼 생활을 유지하는 것이 어렵다.

4) 자녀궁 화기

1. 내향적이고 고집이 센 자녀가 있다.
2. 자녀들은 이기적이고 아이를 가진 후에 직업운이 좋지 않게 된다.
3. 자녀와 인연이 약해서 아이를 늦게 가질 가능성이 높다. 여자의 경우 임신할 때 건강에 유의해야 한다.
4. 동업을 하지 않는 것이 유리하다.

5) 재백궁 화기

1. 열심히 일하지만 돈은 많이 벌지 못한다.
2. 명주는 자신의 부를 지킬 재무관리능력이 부족하다.

6) 질액궁 화기

1. 타고난 건강이 좋지 않다.
2. 고집스럽고, 나의 감정이 얼굴에 쉽게 드러난다.

7) 천이궁 화기

1. 여행할 때 운이 좋지 않다.
2. 밖에서 만나는 사람들로부터 큰 도움을 얻지 못하고 쉽게 상처를 받는다.
3. 논리적이 아닌 기분 내키는 대로 산다.

8) 교우궁 화기

1. 친구들은 강한 자존심과 보수적인 성향이다.
2. 친구들과의 관계에서 쉽게 돈을 잃는다.
3. 친구들과의 관계가 좋지 않다.

9) 관록궁 화기

1. 직업이나 근무 장소가 자주 바뀐다.
2. 개인사업보다는 회사에서 일하는 것이 낫다.
3. 직장에서 논쟁이 잦고, 도움을 주는 사람들이 적다.
4. 학창시절에 공부를 잘 하지 못한다.

10) 전택궁 화기

1. 부동산을 소유하고 있고, 부동산을 사고파는 데 어려움이 있다.
2. 집안에서 가족들과 관계가 좋지 않다.

12) 복덕궁 화기

1. 부정적인 성향이 강해서 종교를 갖는 것이 낫다.
2. 명주는 정신적, 육체적으로 항상 바쁘다.

13) 부모궁 화기

1. 부모는 자존심이 강하고 보수적이다.
2. 부모와 관계가 좋지 못하고 쉽게 논쟁한다.

PART 3
성계와 격국

3.1 / 북파자미두 성계

자미, 천기, 태양, 무곡, 천동, 염정, 천부, 태음, 탐랑
거문, 천상, 천량, 칠살, 파군, 좌보, 우필, 문창, 문곡

1 자미

1. 오행 중 기토이다. 토는 오행의 중심에 위치하여 방향을 지시한다.
   그래서 자미의 의미는 높은 지위를 의미하고, 또한 외로움의 의미
   가 있다.
2. 성격은 자존감이 높고 타인으로부터 존경받기를 원한다. 자미는
   좌보, 우필의 별과 함께 있는게 좋은데, 함께 있지 않으면 외롭게
   되고 모든 일을 스스로 처리하게 된다.
3. 자존감이 강하고 원칙적이다.
4. 황제는 경제적인 능력이 있어 돈이 끊임없이 들어오고 원할 때 자
   유롭게 쓴다.

1) 자미 명궁

1. 황제처럼 리더십이 있고 강한 성격을 가진다.
2. 높은 기상과 품의가 있다.
3. 태도가 침착하며 관리능력도 뛰어나다.
4. 자신이 통솔하기를 좋아하고 남에게 통제받는 것을 싫어
   한다.

5. 지배적이거나 지도적인 위치를 좋아하고 그런 직업을 원한다.

6. 작은 회사보다는 대기업처럼 큰 회사를 선택한다.

7. 보수적이고 겸손하며, 자존심이 강하다.

8. 책임감이 강하며 박학다능하다.

9. 겉으로는 강한 것 같으나 속은 여리다.

10. 충직하고 온순하며 인정이 두터우나 심지가 굳지 못하고 귀가 얇다.

11. 취미와 기호가 다양하며 마음 내키는 대로 행동한다.

2) 자미 형제궁

1. 자미가 황제의 별이므로 형제가 능력이 있다.

2. 부유한 형제가 있으며, 형제자매가 나의 귀인이 되어 도움을 준다.

3. 사회에서 동년배나 선후배의 도움을 받는다.

3) 자미 부처궁

1. 배우자가 본인을 통제하고 지배하려는 경향이 있다. 아내의 기질이 남성적이고 강하다.

2. 여자는 좋고 남자는 늦게 결혼하는 것이 바람직하다.

3. 남녀 모두 신분이나 재력이 상당한 사람을 배우자로 선택하려는 경향이 있어 결혼이 늦어지는 경우도 많다.

4. 아내가 사회생활을 하는 것이 좋다.

4) 자미 자녀궁

1. 자녀가 뛰어나고 어른스럽지만 고집이 세다.
2. 자녀를 황제처럼 모셔야 하니 자녀를 마음대로 하기 쉽지 않다.
3. 동업관계에서 동업자에게 휘둘리기 쉽다.

5) 자미 재백궁

1. 크게 돈 걱정을 하지 않아도 된다.
2. 고급 취향을 가지고 있어 럭셔리한 생활스타일에 심취한다.
3. 재물보다는 명예를 더 중요시 한다.

6) 자미 질액궁

1. 소화기 계통과 관련된 질병 및 높은 콜레스테롤 수치에 유의해야 한다.
2. 탐랑과 만나면 색욕이 강하다.

7) 자미 천이궁

1. 여행을 좋아하고 해외에서 기회를 찾는 것이 유익하다.
2. 좌보, 우필이 함께 있으면 도움을 주는 사람들이 많다.

8) 자미 교우궁

1. 부하, 동료, 파트너의 관계에서 내가 함부로 부리기가 쉽지 않다.

2. 직장 상사(boss), 고객(customer)이 강한 성향을 가진다.

3. 사회적 성취가 높고 능력 있는 사람들과 연결된다.

9) 자미 관록궁

1. 사회적으로 리더십이 탁월하고 일에서 두각을 나타낸다.

2. 최고이기를 원하고 다른 사람 밑에 있기 싫어하며 개인 사업이나 전문직이 좋다.

10) 자미 전택궁

1. 부동산을 늘려 재산을 모을 수 있다.

2. 지대가 높고 고층에 사는 경우가 많다.

11) 자미 복덕궁

1. 인생의 즐거움을 누리고 고급 취미를 가진다.

2. 주관이 강하여 매사를 직접 처리하려 하며 잔근심이 많아 힘들다.

3. 자신의 고민을 토로할 데가 없어 고독하다.

12) 자미 부모궁

1. 부모가 권위가 있고 사회적으로 두각을 나타낸다.

2. 부모가 통제하려는 경향이 강해서 좋은 관계를 유지하기가 어렵다.

3. 나보다 연장자인 상사를 만난다.

2 천기

1. 오행 중 을목이다. 목은 성장의 의미가 있다. 그래서 천기는 특히 배우기를 좋아한다. 예를 들어 철학, 심리학, 종교, 형이상학등에 관심이 많다.
2. 상냥하고 마음이 따스하며 친절한 의미가 있다.
3. 천기는 이동의 별(moving star)이라 계속 돌아다닌다.
4. 생각이 많아 상상력이 풍부하다.
5. 겉은 조용한 인상이나 내면은 조바심이 있는 경향이 있다
6. 천기는 형제를 나타내고 손과 다리를 의미한다.

1) 천기 명궁

1. 총명하고 지혜롭다.

2. 이동의 별이다.

3. 임기응변에 능하고 예민하다.

4. 새로운 것을 좋아하고 시대에 빠르게 적응한다.

5. 다재다능하고 사교능력이 뛰어나며, 분석하는 데 탁월한 기질이 있다.

6. 쉽게 나서거나 서두르는 경향이 있다.

2) 천기 형제궁

1. 천기는 형제가 주된 별로서, 형제간에 우애가 있다.

2. 형제가 총명하고 이지적이다.

3) 천기 부처궁

1. 처가 온순하고 선량하다.

2. 남편은 가정적이고 착실하다.

3. 어린 시절에 연애를 한다.

4. 부부 관계가 불안정하다.

4) 천기 자녀궁

1. 자녀는 총명하고 기교가 있으며 예의가 바르다.

2. 자녀나 사업상 동업자와의 관계가 불안정하다.

5) 천기 재백궁

1. 자신의 지혜로 재물을 얻는다.

2. 재물이 들어오더라도 쉽게 없어진다.

6) 천기 질액궁

1. 신경쇠약, 정신질환 및 심장질환을 조심해야 한다.

2. 유약한 별이라 질병에 걸리기 쉽다.

7) 천기 천이궁

1. 활동적인 별로 집안에 있으면 마음이 산란하고 정신적 번뇌가 많다.

2. 밖에서 활동하는 직업이 좋다.

3. 출생지를 떠나 외국이나 타지에서 발전하는 것이 유리하다.

8) 천기 교우궁

1. 천기는 사교의 별로 각계각층 사람들과 친분이 많다.
2. 주변 인간관계가 오래 지속되지 못하고 변화가 많아 상황에 따라 쉽게 사귀고 쉽게 헤어지는 습성이 있다.

9) 천기 관록궁

1. 일생 동안 직업변동이 많은 편이다.
2. 구속을 싫어하고 자유업종에 관심이 많다.
3. 아르바이트나 짧은 기간 동안 일하는 것이 좋다.

10) 천기 전택궁

1. 주거지의 상황이 변동이 많아서 이사를 자주 한다.
2. 이사를 하는 것이 삶의 질을 향상시킨다.
3. 유산을 받아도 지키지 못하고 자수성가해도 오래가지 못한다.

11) 천기 복덕궁

1. 상상력이 풍부하고 아이디어가 많다.
2. 사고방식이 민감하고 잔신경을 많이 쓴다.
3. 이해타산을 계산 하느라 머리가 분주하여 정신적으로 매우 피곤하다.
4. 여러 방면에 관심이 많아 다양한 취미 생활을 즐기는데, 오래 지속하지 않는다.

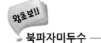

5. 어떤 분야라도 깊이 있는 연구는 하지 못하고, 많이 알기
는 하나 깊이가 없는 경향이 있다.

12) 천기 부모궁

1. 천기는 변화가 심하여 부모와 떨어져 있기 쉽다.
2. 부모와의 관계가 불안정하고 좋지 못하다.

3 태양

1. 오행 중 병화이다. 마치 태양처럼 자신을 태워서 상대에게 빛을 준다.
2. 성격은 정직·공정·관대하고 직선적이며 상대를 배려한다.
3. 항상 상대로부터 드러나고 인정받기를 원한다.
4. 귀성(noble star)이며 재물은 그 뒤에 뒤따르게 된다.

1) 태양 명궁

1. 성격이 적극적이며 주관이 뚜렷하고 흑백이 분명하다.
2. 통제받는 것을 좋아하지 않는다.
3. 명예나 공익을 중시하며 자애롭고 사려가 깊다.
4. 생활에 활력이 있고 교제범위도 넓다.
5. 사고방식이 타인을 위하는 이타적인 성품이다.

2) 태양 형제궁

1. 형제의 성격이 강하고 외향적이다.
2. 부유한 형제가 있으며, 형제자매가 나의 귀인이 되어 도움을 준다.
3. 사회에서 동년배나 선후배의 도움을 받는다.

3) 태양 부처궁

1. 남자의 경우 아내의 성격이 남성적이고 활달하다.
2. 아내가 가정에서 주도권을 잡는 경우가 많다.

3. 여자의 경우 태양은 능력 있고 기백이 있는 존경할 만한 남편을 만나게 된다.

4) 태양 자녀궁

1. 자녀가 총명하고 명예를 얻는다.
2. 사업상 동업자는 여자보다 남자가 낫다.

5) 태양 재백궁

1. 재물이 풍족하고 남에게 베풀기를 좋아한다.
2. 투자나 의사결정에 적극적이다.

6) 태양 질액궁

1. 눈병, 두통, 심장, 어지럼증, 혈액순환을 유의해야 한다.

7) 태양 천이궁

1. 양은 항상 일정하게 움직인다. 그래서 여행하는 것을 좋아한다.
2. 여행이 삶의 질을 향상시킨다.

8) 태양 교우궁

1. 여성친구보다 남성친구가 더 많다.
2. 남자에게 더 많은 도움을 받는다.
3. 남자와 사업상 동업을 하는 것이 길하다.

9) 태양 관록궁

1. 사회적으로 지위와 명예가 높다.
2. 광고, 미디어, 강연, 통신에 관련된 일에 적합하다.

10) 태양 전택궁

1. 집이 높은 곳에 있는 것이 길하다.
2. 집안에 빛이 잘 들어와서 밝다.
3. 사업이나 부동산의 변화가 많다.

11) 태양 복덕궁

1. 성격이 명랑하고 자존심이 강하다.
2. 사고가 활발하고 적극적이다.
3. 외향적이라서 집에 있지 못하고 밖에 다니기를 좋아한다.

12) 태양 부모궁

1. 아버지가 사회적으로 성공하여 사람들에게 존경을 받고 경제적으로 윤택하다.
2. 부모와의 인연이 좋아서 부모의 사랑을 받는다.

4 무곡

> 1. 오행 중 음금이다. 무곡은 재성이고 열심히 일해서 돈을 번다.
> 2. 강하고 결단력이 확실한 성격이며 때로는 불친절하다.
> 3. 항상 서두르지만 큰 진전은 없다.
> 4. 자신의 주관이 뚜렷하며 쉽게 포기하지 않는다.
> 5. 외로움을 잘 타지만, 강한 성격으로 결혼 후에 배우자와 쉽게 논쟁한다.

무곡은 행동력과 추진력으로 재를 득하고, 태음은 계획이나 투자로 재를 득하며, 천부는 재무관리로 재를 득한다.

1) 무곡 명궁

1. 강직하고 맺고 끊음이 확실하며, 결단력이 있다.

2. 목소리와 행동에 힘이 있고, 추진력이 강하다.

3. 여자의 경우 남자 같은 기개가 있어 가권(家權)을 장악하여 남편의 권리를 뺏는다.

4. 고독의 별이며 성품이 고고하다.

5. 인생에서 늦게 성공한다.

2) 무곡 형제궁

1. 형제자매의 성정이 근면하고 생활력이 강하다.

2. 형제와 나의 관계가 화목하지 못하다.

3) 무곡 부처궁

  1. 아내의 성격이 남성적이고 강하다.

  2. 결혼을 늦게 하거나 나이차이가 많은 사람과 결혼하는 게 좋다.

4) 무곡 자녀궁

  1. 자녀들의 성격이 강하고 고집 세다.

5) 무곡 재백궁

  1. 조상의 유업을 받지 않고 자수성가한다.

  2. 재물을 늘리는 데 능력이 있다.

6) 무곡 질액궁

  1. 수족(手足)과 머리, 얼굴, 뼈를 상하거나 다치게 된다.

  2. 호흡기 질환을 조심해야 한다.

  3. 사고를 당하거나 수술할 가능성이 높다.

7) 무곡 천이궁

  1. 행동력과 역마의 속성이 강한 별이므로 활동적이고 이사를 많이 하게 된다.

  2. 해외에서 근무하거나 생활을 할 기회가 있다.

  3. 무곡(록)이면 해외 투자가 길하다

  4. 무곡(기)이면 돈을 잃는다.

8) 무곡 교우궁

　　1. 친구가 직설적으로 말한다.

　　2. 친구나 아랫사람 등의 인간관계가 좋지 않다.

9) 무곡 관록궁

　　1. 직업은 군인, 경찰 계통에 종사하는 것이 길하다.

　　2. 은행 등 재경 관련 업무나 정밀 기계, 철강 산업에 적합
　　　하다.

10) 무곡 전택궁

　　1. 부동산 매매나 사업의 변화 과정에서 재산 증식이 있다.

　　2. 부모의 유산을 받아 재물을 저축할 수 있다.

　　3. 가족과의 관계가 소원하여 외롭다.

11) 무곡 복덕궁

　　1. 물질적 만족으로 그 복을 누릴 수 있다.

　　2. 사고방식이 결단력이 있으나 조바심을 낸다.

12) 무곡 부모궁

　　1. 무곡은 고독의 별이므로 부모궁에 있으면 불리하다(부모
　　　와 이별).

　　2. 부모나 연장자와의 관계가 약하다.

5 천동

1. 오행 중 음수이다. 밝고 선하며 부드러운 성격이다.
2. 인생을 즐기는 데 집중하고 좋은 음식, 취미생활, 휴식을 좋아한다.
3. 약간 게으르고 큰 계획은 세우나 쉽게 진전하기 어렵다.
4. 똑똑하고 지능이 높고 직관적이며 사람들과 친화력이 높다.
5. 너무 민감해서 감정변화가 심하다.

1) 천동 명궁

1. 감정적이고 인생을 즐길 줄 안다.

2. 성격이 보수적이며 변화를 좋아하지 않는다.

3. 윗사람을 공경할 줄 알고 아이들을 좋아한다.

4. 성품은 온화하고 자상하며 선하다.

5. 마음이 한결같아 쉽게 변하지 않고 유머감각이 있다.

2) 천동 형제궁

1. 형제의 성격이 온화하고 부드럽다.

2. 형제와 나의 관계가 좋다.

3) 천동 부처궁

1. 이성관계가 순탄하다.

2. 배우자의 용모나 성격이 단정하다.

3. 감정 변화가 심해서 늦게 결혼하거나 나이 차이가 많은
   사람과 결혼하는 것이 길하다.

4) 천동 자녀궁

1. 자녀와 감정적으로 화합하고 후배나 아랫사람과의 관계가 좋다.
2. 자녀가 애교가 많고 재롱을 잘 부린다.
3. 자녀가 의지와 추진력이 약하다

5) 천동 재백궁

1. 의식주의 염려 없이 편안하게 살아간다.
2. 천동(기)은 과소비를 한다.

6) 천동 질액궁

1. 신장, 방광, 요도 관련 병에 걸리기 쉽다.
2. 소화불량이나 감정적인 문제가 있는 경향이 많다.

7) 천동 천이궁

1. 천동은 복성이라 여행에서 귀인을 만나고 복을 얻게 된다.
2. 외지나 타향에서 생활하는 것이 길하다.

8) 천동 교우궁

1. 인간관계가 양호하고 교제범위가 넓고 다양하다.
2. 나이가 어린 사람들과의 관계가 좋다.

9) 천동 관록궁

1. 천동 관록궁은 일반적으로 자수성가한다.

2. 보수적인 기질이 강하여 새로운 사업에 대한 도전정신이 부족하다. 모험적인 일을 두려워하며 벤처사업이나 투기성 있는 사업은 맞지 않는다.

3. 음식, 음료, 병원, 여행이나 광고산업분야에 적합하다.

10) 천동 전택궁

1. 현대적인 디자인으로 집을 꾸민다.

2. 가족과의 관계가 조화롭다.

11) 천동 복덕궁

1. 천동이 정서와 안정의 별이므로 안락하고 행복한 삶을 누릴 수 있다.

2. 물질적인 만족보다는 심리적 만족을 원한다.

3. 외향적이라서 집에 있지 못하고 밖에 다니기를 좋아한다.

12) 천동 부모궁

1. 부모나 연장자와의 관계가 좋다.

2. 부모가 무병장수하며, 부모가 화목하다.

6 염정

1. 오행 중 음화이다. 자신의 이익과 손실에 대해 집중하고 약간 저돌적이다.
2. 물질주의의 성향이 강해서 자신을 수양하는 것이 필요하다.
3. 차도화의 별이다.
4. 직선적이고 솔직히 표현한다.
5. 통제를 잃었을 때 도박이나 투기에 빠진다.

1) 염정 명궁

1. 차도화의 별이다.
2. 겉으로는 유연하지만 속으로는 감정적이고 자신을 구속한다.
3. 인간관계에서 실수가 없고 자기관리를 잘하는 성향이다.
4. 예의 바르고 일처리가 분명하며 타인에게 실수를 하지 않으려고 노력한다.
5. 태도는 단정하고 깔끔하며 고고하다.
6. 자신이 속한 집단에 적극적이며 그 속에 안주하려 한다.

2) 염정 형제궁

1. 형제들이 강하고 고집이 세다.

3) 염정 부처궁

1. 차도화의 별이며 이성보다 감성이 앞선다.

2. 도화성으로 감정적인 면이 짙기 때문에 부부간의 갈등이 심화되기 쉽다.

4) 염정 자녀궁

1. 자녀들이 똑똑하고 강하고 고집이 세다.
2. 자녀들이 부모에게 순종을 하지 않아 관계가 그리 좋지는 못하다.

5) 염정 재백궁

1. 정부 관련기관에서 일을 해서 돈을 버는 것이 적합하다.

6) 염정 질액궁

1. 염정은 피를 의미하므로 결핵, 종양 등의 질환에 걸리기 쉽다.
2. 차도화의 별이라 성과 관련된 질병이 있을 수 있다.

7) 염정 천이궁

1. 출생지를 떠나서 생활하는 것이 좋다.
2. 교제·접대가 많은 가운데 성공한다.
3. 도전적인 여행을 즐긴다.

8) 염정 교우궁

1. 친구와 동료들과의 관계가 불안정하다.

2. 인간관계가 표면적으로는 쉬운데 깊이 있는 교제는 많지
   않다.
3. 친구들이 재능이 있고 도전적이다.

9) 염정 관록궁

1. 직업 정신이 투철하고 야망적이다.
2. 합병이나 정부기관의 일을 하는 것이 적합하다.

10) 염정 전택궁

1. 집이 단정하고 정리정돈이 잘 되어 있다.
2. 염정(기)은 가족관계가 그리 좋이 못하다.

11) 염정 복덕궁

1. 생각의 정리가 잘 되고 접근 방식이 시스템적이다.

12) 염정 부모궁

1. 부모와 인연이 후하지 못하고 부모의 음덕을 얻기 어렵다.
2. 부모가 엄격하다.

7 천부

1. 오행 중 음토이며 부동산의 별이다
2. 똑똑하고 재능이 있으며 성격이 온순하며 마음이 따뜻하다.
3. 약간 인색한 성향이 있다.
4. 쉽게 살찌는 체질이라 과식에 주의해야 한다.

1) 천부 명궁

1. 재물을 다루는 능력이 뛰어나다.
2. 중후한 성격이나 이기심이 있고, 총명하지만 예민한 성격이다.
3. 너무 신중하게 생각하여 기회를 놓치거나 추진력이 약할 수 있다.
4. 환경에 따라 적응하는 정도가 빠르지만 느리고 답답한 면이 있다.
5. 책임감이 있고 선하며 정서적으로 안정적이다.

2) 천부 형제궁

1. 형제의 성품이 온화하고 관대하다.
2. 믿을 만한 형제가 있고 인간관계도 양호하다.

3) 천부 부처궁

1. 남자는 현명하고 지혜로운 부인을 얻는다.

2. 여자는 가정적이며 능력 있는 남편을 만난다.

3. 배우자의 재물이 안정적이다.

4) 천부 자녀궁

1. 자녀의 감정이 온후하고 성실하며 효심이 있다.

5) 천부 재백궁

1. 재물에 대한 관리능력이 뛰어나다.

2. 돈을 쓰는 데 안정적이고 계획적으로 쓴다.

6) 천부 질액궁

1. 살이 많이 찌고 당뇨를 일으킬 수 있어 식사를 조절해야
   한다.

7) 천부 천이궁

1. 출외(出外)하여 복을 얻고 귀인을 만나서 도움을 받는다.

8) 천부 교우궁

1. 교우관계나 인간관계가 양호하다.

2. 많은 사람의 도움을 받을 수 있다.

9) 천부 관록궁

1. 사업이나 직장이 안정적이며 순조롭게 발전할 수 있다.

2. 직업에서 야망이 강하지는 않다.

10) 천부 전택궁

1. 부동산을 많이 늘리고 재물을 축적할 수 있다.
2. 집안이 두루 평안하고 근심이 없다.

11) 천부 복덕궁

1. 생각이 깊고 신중하며 자애롭다.

12) 천부 부모궁

1. 부모의 성품이 온화하며 안정적이지만 보수적인 성향이
   있다.

8 태음

> 1. 오행 중 음수이다. 부드럽고 내향적이고 상상력이 풍부하다.
> 2. 이미지와 외모, 아름다움에 관심이 많다.
> 3. 낙천적이다.
> 4. 부동산을 의미한다.
> 5. 형이상학(명상, 종교 등)에 관심이 많다.
> 6. 여성과 관련된 직종에 종사하고 여자들로부터 쉽게 도움을 받는다.

1) 태음 명궁

1. 정서적으로 안정적이고 인자하며 낭만적이다.

2. 친화력과 사려심이 있다.

3. 문학과 예술적인 소질이 있거나 좋아한다.

4. 정직하고 단정하고 처세가 유연하다.

5. 남녀 모두 이성에게 호감을 받는다.

2) 태음 형제궁

1. 형제의 성정이 섬세하면서 자비심이 있다.

3) 태음 부처궁

1. 부인이 아름다우며 사람관계가 좋고 내조를 잘한다.

2. 남편이 온화하고 가정적이다.

3. 남자는 나이 어린 배우자를 만나는 것이 좋고, 여자는 나이가 많은 남편을 만나야 길하다.

4) 태음 자녀궁

1. 자녀가 총명하고 명예가 높다.
2. 자녀의 언행이 정직하고 윗사람을 잘 따르며 후배나 아랫사람들과의 관계도 좋다.

5) 태음 재백궁

1. 재물을 버는 과정이 순탄하고 재물의 양도 증가한다.
2. 여자와 관련된 일이나 부동산에 관련한 일이 적합하다.

6) 태음 질액궁

1. 비뇨기, 생식기, 허리 및 하복부 질환에 걸리기 쉽다.

7) 태음 천이궁

1. 출외(出外)하여 복을 얻고 귀인을 만나서 도움을 받는다.
2. 남자의 경우 여자의 접근이 많다.

8) 태음 교우궁

1. 주변에 친구가 많고, 많은 사람의 도움을 받을 수 있다.
2. 여성이 더 도움을 준다.

9) 태음 관록궁

1. 사업이나 직장이 안정적이며 순조롭게 발전할 수 있다.
2. 창의적이고 세밀하다.

3. 디자인이나 광고, 뷰티 관련 업종이 적합하다.

10) 태음 전택궁

1. 부동산을 많이 늘리고 재물을 축적할 수 있다.
2. 농장, 목장, 과수원을 운영하면 좋다.

11) 태음 복덕궁

1. 심리적으로 편안하고 조용한 분위기를 좋아한다.
2. 감성적이고 이성적이라서 외부적인 경쟁심은 없다.

12) 태음 전택궁

1. 어머니와 나이 많은 여성과 관계가 좋다.

9 탐랑

1. 오행 중 양목이다. 목은 성장을 의미하며, 탐랑은 지식에 대한 강한 열정을 의미한다.
2. 도화의 별이며 활동적이다.
3. 욕심이 너무 많으면 비극이 되고 욕심이 어느 정도 통제되면 행복과 부와 돈이 들어온다.
4. 탐랑은 형이상학의 별이며 교육과 관련이 있다.

1) 탐랑 명궁

1. 로맨스와 욕망의 별이다.

2. 소유욕과 욕심이 많다.

3. 재주와 기교가 있으며 처세가 유연하고 움직이기 좋아한다.

4. 언행이 유연하여 사교적이며 접대를 잘한다.

5. 사교력과 친화력이 좋다.

6. 취미와 기호가 다양하고 신비로운 분야에 관심이 많다.

2) 탐랑 형제궁

1. 형제나 친구 등 인간관계가 좋고 화목하다.

3) 탐랑 부처궁

1. 도화성이라 배우자에 머무는 것을 불안전하게 본다.

3. 늦게 결혼하는 것이 낫다.

4) 탐랑 자녀궁

   1. 자녀가 총명하고 명예나 학문이 높다.

5) 탐랑 재백궁

   1. 탐랑은 물욕의 별이라 재물을 잘 축적한다.

   2. 재물에 대하여 투기 성향을 나타내서 재물을 지키기 어려운 단점도 있다.

6) 탐랑 질액궁

   1. 위장, 비뇨기 등 생식기 질환에 조심해야 한다.

7) 탐랑 천이궁

   1. 접대와 교제를 잘하는 별이다.

   2. 사회활동이 활발하고 인간관계가 넓다.

8) 탐랑 교우궁

   1. 사교의 별이라 아랫사람을 비롯한 주변사람과 교제관계가 넓다.

9) 탐랑 관록궁

   1. 사교성을 발휘하여 사업이 성장하게 된다.

   2. 많은 사람과 사귀며 접대하는 과정에서 사업상의 일을 성사시키는 경우가 많다.

3. 연구개발(R&D)이나 그림 등 창조적인 일을 하는 것이 적합하다.

10) 탐랑 전택궁

1. 주택을 화려하게 꾸민다.
2. 숙박업이나 유흥오락실, 도박장 등을 개설하게 된다.

11) 탐랑 복덕궁

1. 물욕, 정욕에 치우치기 쉽다.
2. 향락과 술을 즐기며 취미가 다양하고 유머감각이 뛰어나다.

12) 탐랑 부모궁

1. 부모가 다양한 취미를 가지고 있다.
2. 부모나 연장자와 관계가 좋다.

10 거문

1. 오행 중 음수이다. 부정적인 마음이나 의심, 시비구설, 질투를 의미한다.
2. 직선적이고 단점을 잘 찾아내는 성향이라 주변 사람들과 문제를 일으킨다.
3. 언어의 별이라 가르치는 일, 영업, 변호사 등에 적합하다.
4. 외로움의 별이라서 친구 및 가족들과 관계가 좋지 않다.
5. 거문 화기는 배신을 쉽게 당한다는 의미이다.
6. 거문은 암성, 즉 어두운 별이다.

1) 거문 명궁

1. 구설의 별로 말 재주가 뛰어나 사람을 잘 설득시킨다.

2. 비관적이며 융통성이 모자라고 완고하다.

3. 처세가 분명하여 다른 사람과 유연한 인간관계를 형성하기 어렵다.

2) 거문 형제궁

1. 거문(록)은 형제들과 소통을 잘한다.

3) 거문 부처궁

1. 거문(록)은 배우자와 관계가 좋다.

2. 거문(권)은 의견충돌이 심하여 자주 다투는 일이 생긴다.

3. 부인이 남성적인 성품에 활달하여 남편을 도우며 가정을 행복하게 한다.

4. 남편이 부귀하고 사업에 큰 성공을 이룬다.

5. 거문과 태양이 부처궁에 동궁하면 외국 사람과 결혼하기
   도 한다.

4) 거문 자녀궁

1. 거문(록)은 자녀들이 언변이 뛰어나고 활동적이다.

5) 거문 재백궁

1. 시비나 경쟁으로 득재하는 경우가 많다.

2. 말로 설득하는 능력이 뛰어나서 교육관련 직업에 종사하
   는 경우가 많다.

6) 거문 질액궁

1. 위장병이나 소화기질환(변비, 소화불량)에 걸리기 쉽다.

7) 거문 천이궁

1. 거문(록)은 좋은 소셜네트워킹을 가진다.

2. 거문(기)은 시비구설의 별이므로 인간관계가 불리하다.

8) 거문 교우궁

1. 거문(기)은 주변사람과 시비구설이 발생하기 쉽고 협조를
   얻기 어렵다.

2. 친구나 부하직원 가운데 능력 있고 말 잘하는 사람이 많다.

9) 거문 관록궁

   1. 언어적 능력과 관련된 일이나 전문지식으로 성공한다.

   2. 교육자, 상담가, 의사, 정치가 등의 직업에서 두각을 나타 낸다.

10) 거문 전택궁

   1. 거문(기)은 이웃 간에 주택문제로 언쟁이 발생한다.

11) 거문 복덕궁

   1. 거문(록)은 침착한 기질을 가지고 있다.

   2. 거문(기)은 심리적으로 불안해하며 불만이 심하다.

   3. 거문(기)은 정신적인 근심·걱정은 물론 육체적으로도 고 달프다.

12) 거문 부모궁

   1. 거문(록)은 부모가 언변이 강하고 관계가 좋다.

11 천상

1. 오행 중 음수이다. 마음이 따뜻하고 낙관적이며 열정적이다.
2. 겉으로는 낙관적이지만 속으로는 우울한 경향이 있다.
3. 미의 별이라서 상대에게 좋은 인상을 남기고 우아한 매너를 중요
   시 한다.
4. 장소에 따라 꼭 맞는 옷을 입고 좋은 음식을 즐긴다.

1) 천상 명궁

1. 품격과 교양이 있고 자상하며 관용을 베푼다.
2. 약속을 소중히 여기고 남이 약속을 어기거나 편법 쓰는 것
   을 싫어한다.
3. 재물보다는 명예나 학식에 더 중심을 둔다.
4. 동정심과 의협심이 강해 어렵거나 힘든 사람을 보면 도움
   을 준다.
5. 법과 의리를 중시하고 쉽게 마음을 바꾸지 않는다.
6. 언행이 부드럽고 맵시가 있고 일 처리가 섬세하며 계획성
   이 있다.
7. 인간관계가 좋고 개성이 온화하다.
8. 성품이 온화하며 학식이나 교양미가 있고 물건을 아끼고
   소중히 한다.
9. 심미안(審美眼)이 있어 문예에 관심이 많다.

2) 천상 형제궁

1. 형제와 화목하고 명주와 관계가 좋다.

3) 천상 부처궁

1. 가까운 주변 사람의 도움이나 소개로 만남이 이루어진다.
2. 남자는 총명하고 현숙한 아내를 만난다.
3. 여자는 준수하고 능력 있고 자상한 남편을 만난다.

4) 천상 자녀궁

1. 자녀가 총명하고 준수하며 부모를 잘 따른다.
2. 후배나 제자와의 관계도 좋다.

5) 천상 재백궁

1. 안정된 수입을 가지고 있다.

6) 천상 질액궁

1. 소화불량, 방광 질환에 걸리기 쉽다.
2. 피부가 민감하다.

7) 천상 천이궁

1. 여행이 자신의 운을 증가시킨다.
2. 외부에서 도움을 얻는다.

8) 천상 교우궁

　1. 친구나 동호회 회원들로부터 도움이나 조언을 얻는다.

9) 천상 관록궁

　1. 기업에서 2인자 역할에 적합하다.

10) 천상 전택궁

　1. 전택운이 길하다.
　2. 거실을 밝은 색으로 도배하는 것이 좋다.

11) 천상 복덕궁

　1. 생각이 낙천적이고 개인주의적이다.
　2. 원칙을 고수한다.

12) 천상 부모궁

　1. 부모와의 관계가 조화롭고 도움을 준다.

12 천량

1. 오행 중 음토이다. 성숙하고 경험이 많은 사람이며 실제 나이보다 많아 보인다.
2. 상대를 잘 돌보고 상관(boss)이 되려는 경향이 강하다.
3. 확신이 가득차고 강한 성격이다.
4. 의사 특히 한의학 관련 및 컨설팅에 적합하다.
5. 논리적인 사고가 강해서 수학, 철학, 법조계에 강하다.
6. 외로움의 별이며 자신만의 세계에 살기를 좋아한다.

1) 천량 명궁

1. 노인성이라 말과 행동이 어른스럽고 생각이 깊다.
2. 이해심이 많고 다른 사람의 말을 잘 들어주는 조언자의 역할을 한다.
3. 시원하고 솔직하며 사심이 없다.
4. 다른 사람의 일에 간섭하거나 말이 많은 편이다.
5. 감찰의 성질이 있어 감사(監査)하고 사찰하는 일에 능하다
6. 공사가 분명하여 사리사욕이 없다.
7. 말을 잘하며 논쟁하고 따지는 것을 좋아한다.

2) 천량 형제궁

1. 형제가 나에게 도움이 되고 관계가 좋다.

3) 천량 부처궁

1. 나이 차이가 많은 사람과 결혼하는 것이 길하다.

2. 처음의 연애나 연인은 실패한다.

4) 천량 자녀궁

1. 자녀가 총명하고 독립심이 있다.

5) 천량 재백궁

1. 장기투자(long term investment)를 한다.
2. 재물이 인생의 늦은 시기에 들어온다.

6) 천량 질액궁

1. 소화불량이나 류머티즘에 걸리기 쉽다.

7) 천량 천이궁

1. 오랜 기간 동안 여행을 한다.
2. 나이가 많은 사람들에게 도움을 받는다.

8) 천량 교우궁

1. 오랜 기간 동안 친구나 동료를 사귄다.
2. 연장자가 나에게 도움을 준다.

9) 천량 관록궁

1. 감사활동이나 컨설팅 업무를 하는 것이 좋다.

10) 천량 전택궁

1. 오래된 집에 살거나 오래된 집을 구매한다.

2. 조업(祖業)을 잇거나 유산(遺産)을 받는다.

3. 장기 투자(long term investment)로 이익을 얻는다.

11) 천량 복덕궁

1. 종교, 철학, 역사, 명상, 고전 등 사상이나 정신세계에 관심이 많다.

2. 생각이 낙천적이다.

12) 천량 부모궁

1. 부모가 무병장수하며 부모의 재산을 상속받는다.

2. 부모와의 관계가 조화롭다.

13 칠살

1. 오행 중 양음에 속한다.
2. 겉으로는 강하지만 내면은 외롭다
3. 야망과 능력이 있고 열심히 일한다.
4. 조바심이 많고 쉽게 화를 낸다.

1) 칠살 명궁

1. 권력과 위엄이 있고 신중하며 언행이 무겁다.

2. 소신과 주관이 뚜렷하다.

3. 겉으로는 소극적이고 내향적으로 보이지만, 완강한 기질을 가지고 있다.

4. 성정이 강하고 다급하며 굽히기를 싫어한다.

5. 독립심이 강하고 사업을 하려는 마음이 많다.

2) 칠살 형제궁

1. 형제자매의 개성과 성정이 강하고 독립심이 있다.
2. 형제자매와 나와의 관계가 좋지 않다.

3) 칠살 부처궁

1. 서로 간에 정감이 부족하여 틈이 생기기 쉽다.
2. 아내의 개성이 강하고 흑백이 분명하며 구속을 싫어하고 탈부권(奪夫權)하기 쉽다.

3. 결혼을 늦게 하는 것이 좋다.

4. 서로 독립사업이나 각각 다른 직장을 가지는 것이 좋다.

4) 칠살 자녀궁

1. 자녀가 독립심과 의지력이 강하고 활동적이다.

2. 부모와 세대차이가 있거나 성정이 맞지 않아 무정하기 쉽다.

5) 칠살 재백궁

1. 한두 차례 재물로 인하여 파동을 겪는다.

2. 재물을 관리하는데 뛰어나지 않다.

6) 칠살 질액궁

1. 호흡기 질환에 유의해야 한다.

2. 간, 담, 식중독에 유의해야 한다.

7) 칠살 천이궁

1. 활동적이고 역마살적인 속성이 있다.

2. 생활이나 주거지의 변화가 많고 그 범위가 크다.

3. 상처를 입거나 사고를 당하기 쉽다.

8) 칠살 교우궁

1. 아랫사람이 구속이나 지배받기를 싫어한다.

2. 사람들과 사귀는 기술이 부족하다.

9) 칠살 관록궁

   1. 사업을 하는 사람들이 많다.
   2. 사무직에는 적합하지 않다.
   3. 독립적이고 권위적이라 개인사업이나 자유업종에 종사하
      는 경우가 많다.

10) 칠살 전택궁

   1. 집안에서 가족들과 관계가 좋지 않다.
   2. 부모의 유산을 물려받기 어렵다.

11) 칠살 복덕궁

   1. 이상이 지나치게 높고 자존심이 강하여 인간관계에서 고
      독하다.

12) 칠살 부모궁

   1. 부모를 일찍 여의거나 부모를 떠나 고생하게 된다.
   2. 부모와의 관계가 좋지 않고 소통에 문제가 있다.

14 파군

> 1. 오행 중 음수에 속한다.
> 2. 강하고 빠른 행동을 한다.
> 3. 감정을 쉽게 얼굴에 드러내지 않아 속내를 읽기 힘들다.
> 4. 강인하고 건강한 몸을 의미한다.
> 5. 야망이 강해서 타인의 아이디어나 제안을 크게 고려하지 않는다.
> 6. 모험을 좋아하고 자신의 사업을 한다.
> 7. 결과가 어떻게 되든지 먼저 저지르는 경향이 있어 인생의 굴곡을 겪는다.

1) 파군 명궁

1. 삶에 변화가 많고, 서두르는 경향이 있다.

2. 저돌적이고 늘 새로운 것을 시도하는 경향이 있다.

3. 새로운 일이나 상황에 당황하지 않는다.

4. 정직하고 솔직하며 일을 할 때 사심이 없고 추진력이 뛰어나다.

5. 다른 사람과 잘 어울리지 못하여 많이 다투는 경향이 있다.

2) 파군 형제궁

1. 형제자매 간에 사이가 좋지 않다.

3) 파군 부처궁

1. 혼전에 파절을 경험하고 결혼 후에도 서로 고독하여 분리되기 쉽다.

   2. 결혼 전에 이성교제를 많이 한다.

   3. 일찍 결혼하면 결혼에 실패하니 늦게 결혼하는 것이 좋다.

   4. 결혼 후에는 주말부부와 같이 가끔 만나는 것이 좋다.

   5. 배우자가 속박을 싫어한다.

   6. 배우자가 자존심과 주관이 강하기 때문에 상대를 부리려고 하는 경향이 있다.

   7. 남자의 경우 처가 남편의 권리를 빼앗는다(奪夫權).

4) 파군 자녀궁

   1. 자녀와 세대 차이가 있고 서로 무정하기 쉽다.

   2. 자녀가 활동력이 강하고 속박을 싫어하며 변화 있는 생활을 좋아한다.

5) 파군 재백궁

   1. 먼저 가진 재물을 다 없앤 후 다시 모으게 된다.

   2. 재물을 없애 버리는 성질이 있다.

   3. 재물에 대한 투자의 운용이 적극적이고 다급하여 실수한다.

   4. 직장이나 사업을 하면서 주식, 부동산에 투자하거나 사업도 두 가지 이상 겸하게 된다.

6) 파군 질액궁

   1. 식중독이나 혈관 관련 질환을 조심해야 한다.

7) 파군 천이궁

1. 출외(出外) 시 기술이나 예술 또는 특수한 전문분야에서 인정을 받는다.
2. 사회생활이 왕성하고 행동력과 돌파력이 있다.

8) 파군 교우궁

1. 친구나 지인과의 동업이나 공동투자는 좋지 않다.
2. 아랫사람이 충성스럽지 못하여 사업에 성공하지 못한다.

9) 파군 관록궁

1. 사업이나 직업적으로 우여곡절이 많다.
2. 건설업이나 혁신적인 직업에 적합하다.

10) 파군 전택궁

1. 옛것을 버리고 새롭게 시작하는 성질이 있어 집을 사서 리모델링을 한다.
2. 가족과의 관계가 좋지 못하다.

11) 파군 복덕궁

1. 고민이 많고 불안해하거나 부족함을 느끼기 쉽다.

12) 파군 부모궁

1. 부모를 일찍 여의거나 부모를 떠나 고생하게 된다.
2. 부모와의 관계가 좋지 않다.

15 좌보/우필

좌보는 오행 중 양토이다. 자만심에 관련된 기부를 한다.

1) 좌보 명궁

1. 상대에게 도움을 주고 도움을 받는다.

2) 좌보 형제궁

1. 형제자매 간에 사이가 좋다.

3) 좌보 부처궁

1. 배우자와의 관계가 불안하다.
2. 결혼을 늦게 하는 것이 낫다.

4) 좌보 자녀궁

1. 자녀가 똑똑하고 자녀와의 관계가 좋다.

5) 좌보 재백궁

1. 재물운이 좋고 부업 등 다른 수입이 있다.

6) 좌보 질액궁

1. 소화불량에 주의해야 한다.

7) 좌보 천이궁

　　1. 귀인으로부터 도움을 받는다.

8) 좌보 교우궁

　　1. 친구나 지인으로부터 도움을 받는다.

9) 좌보 관록궁

　　1. 직장에서 동료의 도움을 받는다.

10) 좌보 전택궁

　　1. 일반적으로 전택운이 길하다.

11) 좌보 복덕궁

　　1. 귀인으로부터 도움을 받는다.

12) 좌보 부모궁

　　1. 부모나 연장자와의 관계가 좋고 도움을 받는다.

우필은 오행 중 음수이다. 민첩하고 영리하다. 돈을 기부하는 것을 좋
아한다.

1) 우필 명궁

1. 상대에게 도움을 주고 도움을 받는다.

2) 우필 형제궁

1. 형제자매 간에 사이가 좋다.

3) 우필 부처궁

1. 배우자와의 관계가 불안하다.
2. 결혼을 늦게 하는 것이 낫다.

4) 우필 자녀궁

1. 자녀가 똑똑하고 자녀와의 관계가 좋다.

5) 우필 재백궁

1. 재물운이 좋고 부업 등 다른 수입이 있다.

6) 우필 질액궁

1. 소화불량에 주의해야 한다.
2. 불안하거나 근심·걱정을 한다.

7) 우필 천이궁

    1. 귀인으로부터 도움을 받는다.

8) 우필 교우궁

    1. 친구나 지인으로부터 도움을 받는다.

9) 우필 관록궁

    1. 직장에서 동료의 도움을 받는다.

10) 우필 전택궁

    1. 일반적으로 전택운이 길하다.

11) 우필 복덕궁

    1. 귀인으로부터 도움을 받는다.

12) 우필 부모궁

    1. 부모나 연장자와의 관계가 좋고 도움을 받는다.

우필의 관대함은 "익명의 기부"처럼 보상을 바라지 않는다.

> ● **좌보, 우필의 공통점**
> 똑똑하고 재능 있고 직선적이다. 둘 다 상량하고 사람들을
> 도와주는 것을 좋아한다.

16 문창

> 1. 문창은 오행 중 양금이다. 뛰어난 외모와 정중한 예의범절을 가졌으며, 합리적이다.
> 2. 공식적인 자격이 필요한 교육이나 연구에 관련이 있다.

1) 문창 명궁

1. 학문적이고 분석적이며 순종적이다.
2. 디테일을 보는 눈이 있다.

2) 문창 형제궁

1. 형제자매가 똑똑하지만 관계는 좋지 않다.

3) 문창 부처궁

1. 부부관계가 감성적이다.
2. 세련된 라이프스타일을 즐긴다.

4) 문창 자녀궁

1. 자녀가 똑똑하고 관계가 좋다.

5) 문창 재백궁

1. 재물운이 좋다.

6) 문창 질액궁

1. 근심·걱정을 하는 편이다.

2. 감기나 기관지 질환을 조심해야 한다.

7) 문창 천이궁

1. 귀인으로부터 도움을 받는다.

8) 문창 교우궁

1. 친구나 지인으로부터 도움을 받는다.

9) 문창 관록궁

1. 예술, 문화, 교육, 선생님, R&D, 언론분야에 적합하다.

10) 문창 전택궁

1. 집에 많은 책을 가지고 있는 경향이 있다.

2. 서점이나 학교 근처에 사는 경우가 많다.

11) 문창 복덕궁

1. 생각이 민감하고 사려가 깊다.

12) 문창 부모궁

1. 부모가 지식이 많고 관계가 좋다.

17 문곡

> 1. 문곡은 오행 중 음수이다. 지적이고 약간 민감하다. 소통이 원활하고 예술(춤, 음악)에 능하다.
> 2. 정규 자격이 아닌 비정규적인 공부를 의미한다.

1) 문곡 명궁

1. 언변이 뛰어나고 예술이나 문화에 조예가 있다.
2. 디테일을 보는 눈이 있다.

2) 문곡 형제궁

1. 형제자매가 똑똑하지만 관계는 좋지 않다.

3) 문곡 부처궁

1. 부부관계가 감성적이다.
2. 세련된 라이프스타일을 즐긴다.

4) 문곡 자녀궁

1. 자녀가 똑똑하고 관계가 좋다.

5) 문곡 재백궁

1. 재물운이 좋다.

6) 문곡 질액궁

1. 근심·걱정을 하는 편이다.

2. 감기나 기관지 질환을 조심해야 한다.

7) 문곡 천이궁

1. 귀인으로부터 도움을 받는다.

2. 활동적인 여행을 한다.

8) 문곡 교우궁

1. 친구나 지인으로부터 도움을 받는다.

9) 문곡 관록궁

1. 예술, 문화, 교육, 선생님, R&D, 언론분야에 적합하다.

10) 문곡 전택궁

1. 집에 서재가 넓고 악기를 가지고 있다.

2. 서점이나 학교 근처에 사는 경우가 많다.

11) 문곡 복덕궁

1. 생각이 민감하고 생각을 많이 하는 경향이 있다.

12) 문곡 부모궁

1. 부모가 지식이 많고 관계가 좋다.

각 별들이 의미하는 직업

자미 고위 관직, 임원, 교사, 교수, 정치인, 방송인, 법조계, 예술인

천기 기계, 이동(역마) 관련 직업, 강사, 기자, 참모, 비서

태양 에너지 산업, 경찰, 사회복지, 광고, 미디어, 강연, 통신

무곡 금융, 철강산업, 보험, 군인, 경찰 계통

천동 디자인, 화장, 미용, 의류업, 인테리어, 여행, 아이와 관련
된 유치원, 간호사, 음식, 음료, 여행, 광고업

염정 IT, 기획, 관리, 합병, 정부관련 일, 연예, 음식, 설계, 디자
인, 보석감정

천부 안정적인 산업, 주택 관리(부동산), 세무, 재무

태음 집, 땅, 여자와 관련된 일(미용), 인테리어, 설계, 예술, 교육

탐랑 종교, 연예계, 패션, 럭셔리 아이템(명품, 수입차, 보석
등), 가구, 문화, 음식업

거문 언어와 관련된 일, 강사, 교육자, 상담가, 의사, 정치가, 불법
적인 일

천상 기본적인 의식주 관련 일, 역학, 중개업, 위탁업

천량 컨설턴트, 감사, 법관, 사회복지사, 서비스, 리더

칠살 군인, 검찰, 경찰, 외과의사, 장의사

파군 건설업, 수산업, 벤처사업, 발명가

문창/문곡 교육, 책, 문서와 관련된 일

좌보/우필 인간관계와 연결된 일들

3.2 / 쌍성

1 자미가 자궁이나 오궁에 있을 때

태음 사	탐랑 오	천동 거문 미	무곡 천상 신
염정 천부 진			태양 천량 유
  묘			칠살 술
파군 인	 축	자미 자	천기 해

태양 + 천량 계산적인, 전문적인

무곡 + 천상 점진적인 진전

천동 + 거문 감정적인

염정 + 천부 신경질적인

2 자미가 축궁이나 미궁에 있을 때

염정 탐랑 사	거문 오	천상 미	천동 천량 신
태음 진			무곡 칠살 유
천부 묘			태양 술
파군 인	자미 파군 축	천기 자	천기 해

염정 + 탐랑 예술적인, 로맨스

천동 + 천량 행복, 자유, 해방

무곡 + 칠살 점진적인 변화

자미 + 파군 반전통적인(anti-traditional), 야심적인

북파자미두수

3 자미가 인궁이나 신궁에 있을 때

거문	염정 천상	천량	칠살
사	오	미	신
염정			천동
진			유
			무곡
묘			술
자미 천부	천기	파군	태양
인	축	자	해

염정 + 천상 점진적인 성장, 시스템적인

자미 + 천부 외로운

4 자미가 묘궁이나 유궁에 있을 때

천상 사	천량 오	염정 칠살 미	 신
거문 진			 유
자미 탐랑 묘			천동 술
천기 태음 인	편부 축	태양 자	무곡 파군 해

염정＋칠살 규율이 바른, 융통성이 없는, 완강한
무곡＋파군 점차적인 소모, 가치하락, 평가절하
천기＋태음 이동(역마)과 관련된
자미＋탐랑 사회성이 있는, 대인관계가 좋은

5 자미가 진궁이나 술궁에 있을 때

천량 사	칠살 오	미	염정 신
자미 천상 진			유
천기 거문 묘			파군 술
탐랑 인	태양 태음 축	무곡 천부 자	천량 해

무곡 + 천부 보수적인, 신중한

태양 + 태음 이동(역마)과 관련된

천기 + 거문 자립하는

자미 + 천상 반전통적인(anti-traditional)

6 자미가 사궁 또는 해궁에 있을 때

자미 칠살 사	오	미	신
천기 량 진			염정 파군 유
천상 묘			술
태양 거문 인	무곡 탐랑 축	천동 태음 자	천부 해

염정＋파군 복잡한, 많은

천동＋태음 자유로운, 해방의

무곡＋탐랑 수동적인 행동, 느린

태양＋거문 경쟁적인, 힘든

천기＋천량 계획과 관련된

자미＋칠살 권위적인

북파자미두수

3.3 격국

1 살파랑

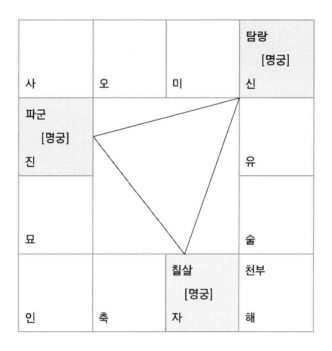

조건 칠살, 파군, 탐랑이 명궁, 재백궁, 관록궁(1, 5, 9)에 있을 때
각 궁에 쌍성이 아닌 단성일 때만 적용된다.

단, 계해에 태어나거나, 명궁, 재백궁, 관록궁이 계궁에 있을
때는 예외이다.

해석 인생에서 중요한 변화를 겪는다.

특히 직업에서 큰 변화를 겪는데 주로 30대에 일어난다.

124

2 기월동량

			천기 태음 신
사	오	미	
천동 진			유
묘			술
인	축	천량 자	해

조건 천기, 태음, 천동, 천량이 명궁, 재백궁, 관록궁에 천동, 천량, 천기, 태음에 화기가 없을 때 적용된다.

해석 공무원이나 기획에 관련된 일을 하는 것이 적합하다.

3 명주출해

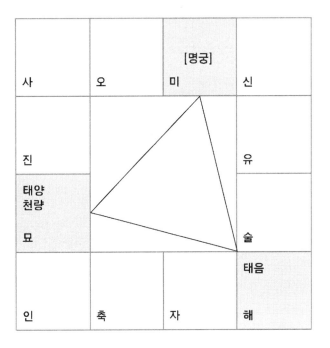

조건 명궁은 미궁에 있고, 태양, 천량과 태음이 명궁, 재백궁, 관록
　궁에 있을 때 적용된다.

　단, 태양, 천량, 태음에 화기가 없어야 한다.

해석 30대 이전에 사업이나 직업에서 큰 성공을 한다.

4 부상조원

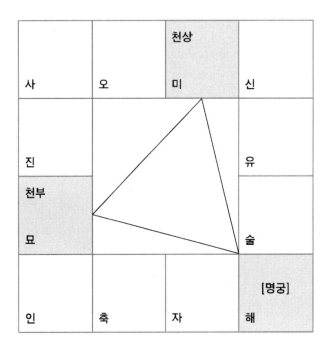

조건 천상 또는 천부가 재백궁이나 관록궁(5, 9)에 있고 명궁에
별이 없을 때 적용된다.

단, 쌍성이 아닌 단성일 때를 말한다.

해석 인생에서 기본적인 의식주는 타고 난다.

사업이나 직업에서 일을 처리할 때 보수적이다.

5 일월조벽

사	오	미	신
진			유
묘			술
인	태양 태음 [전택궁] 축	자	천부 해

조건 전택궁이 축궁에 있고 태양＋태음이 함께 있을 때 적용된다.

단, 태양, 태음은 화기가 없을 때를 말한다.

해석 많은 땅과 집을 소유한다.

이것은 엄청난 부자의 격국이다.

6 보필공주

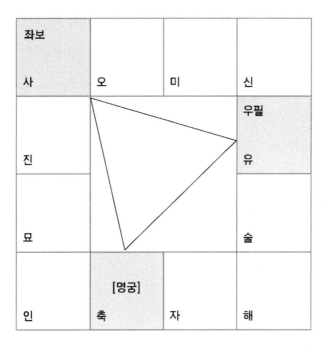

조건 좌보, 우필이 재백궁이나 관록궁에 있을 때 적용된다..

해석 사업이나 직업에서 일을 처리함에 있어종종 주변 사람들의
도움을 많이 받는다.

인생에서 조력자가 항상 있다.

7 문계문화

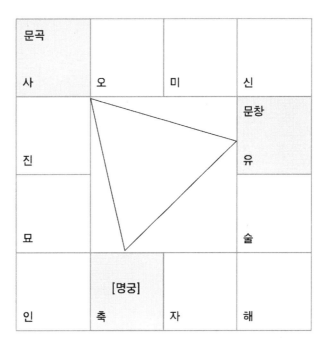

문곡 사	오	미	신
진			문창 유
묘			술
인	[명궁] 축	자	해

조건 문창, 문곡이 재백궁이나 관록궁에 있을 때를 말한다.

해석 총명하고 예술적 재능이 뛰어난 사람의 격국이다.

예술적 측면이나 사업전략에 능하다.

130

8 명무정요

사	오	미	**[명궁]** 신
진			문창 유
묘			술
인	축	자	해

조건 명궁에 주성이 없을 때를 나타낸다.

해석 자신의 고향을 떠나서 생활한다.

9 석중은옥

	거문		
사	오	미	신
진			유
묘			술
		거문	
인	축	자	해

조건 자궁이나 오궁에 거문이 있을 때를 말한다.

해석 사업이나 직업에서 늦게 성공한다.

성공이 쉽지 않다.

10 삼기가회

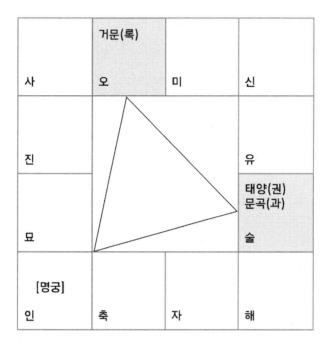

조건 명궁, 재백궁, 관록궁에 생년화록, 생년화권, 생년화과가
있을 때를 말한다.

해석 인생에서 성취감이 높아 직장이나 직업에서 인정을 받는
다.

11 일월반배

사	오	미	신
태음 [명궁] 진			유
묘			태양(권) 문곡(과) [명궁] 술
인	축	자	해

조건 진궁에 태음, 술궁에 태양이 있을 때와 명궁은 진궁이나
술궁에 있을 때를 말한다.

해석 쉬지 않고 열심히 일하는 인생스타일이다.
삶을 영위하기 위해서 밤늦게 까지 일한다.

12 양양창록

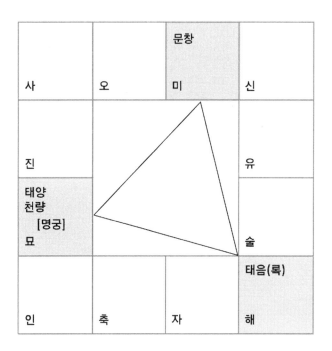

조건 묘궁에 태양＋천량이 있고, 재백궁이나 관록궁의 위치에
문창이 있을 때를 말한다.

또한, 재백궁이나 관록궁에 화록이 있으며, 명궁은 반드
시 묘궁에 있어야 한다.

천량, 태양, 문창, 태음에 화기가 없어야 한다.

해석 학업에서 큰 성취를 이루는 사람이다.

PART **4**
북파자미두수 명반
기본리딩의 기초

북파자미두수 명반을 리딩하기 위해서는 아래의 내용을 이해
해야 한다.

4.1 / 기본 원칙

1. 각각의 12궁은 알고 싶은 주제가 된다.

   만약 직업에 대해 알고 있으면 관록궁, 건강에 대해서 알고
   싶으면 질액궁을 보면 된다.
2. 궁에 속한 자사화나 생년사화를 읽는다.
3. 알고 싶은 주제를 출발궁으로 놓고 도착궁으로 사화를 날
   려 두 궁의 관계를 읽는다.

Example 1

성계 : 무곡   생년사화 : 화기   주제궁 : 질액궁

해석 순서는

1) 주제가 되는 궁을 찾는다.
2) 사화(생년사화, 자사화, 비성사화)를 해석한다.
3) 성계의 의미를 파악한다.

질액궁(주제가 되는 궁)은 내담자의 건강상태를 보는 것인데, 질액궁에 화기(사화)가 있으니 건강상태가 약하다(weakness)는 것을 의미한다.

성계의 무곡은 상처를 입거나, 뼈 관련 또는 호흡기 관련 기관을 조심해야 한다는 것을 나타낸다.

Example 2

성계 : 천동   생년사화 : 화기   주제궁 : 재백궁

재백궁(주제가 되는 궁)은 내담자의 돈을 버는 능력을 보는 것이다. 재백궁에 화기가 있으니 재백운은 그리 좋지 않은 것을 나타낸다. 그리고 성계의 천동은 감정의 별이라 돈으로 인한 극심한 스트레스를 받는 것을 의미한다.

4.2 / 출발궁과 도착궁 해석법

북파자미두수는 비성을 날려 출발궁과 도착궁의 연결을 해석하는 것이 특징이다.

출발궁 → 도착궁

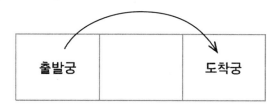

록 관계가 좋다. 긍정적이다.

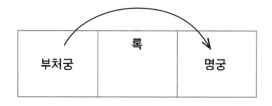

해석 배우자나 애인이 나에게 잘 해 준다.

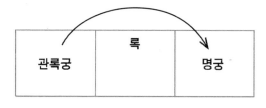

해석 직업운이 길하다(관록궁(career)은 직업을 의미함).

권 통제한다.

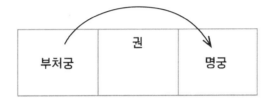

해석 배우자나 애인이 나를 통제하고 지배하려 한다.

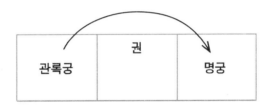

해석 나는 내가 하는 일(직업)에 대해서 강한 책임감을 가
지고 있고 수행할 능력이 있다. 이것은 직업운이 길
함을 의미한다.

과 관계가 좋다. 도움을 준다. 문제가 완화된다.

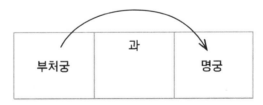

해석 배우자나 애인이 나를 잘 보살피고 도움을 준다.

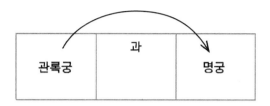

해석 나는 일할 때 다른 사람들의 지지와 도움을 받는다.

기 걱정을 한다. 스트레스를 준다.

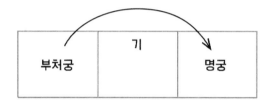

해석 배우자나 애인이 나에게 스트레스를 주거나 걱정을
한다.

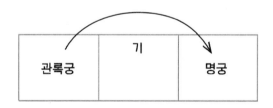

해석 직업이 나에게 스트레스를 주고, 불안정하다.

4.3 / 궁의 변화 Interchange palace

북파자미두수의 비밀은 여러 가지가 있는데 그 중 가장 중요한 것이 궁의 변화이다. 궁이 어떻게 변하는지의 원리를 알면 자유자재로 명반을 다양한 차원으로 해석 하는 것이 가능하기 때문이다. 이 기법이 북파자미두수와 남파자미두수의 가장 큰 차이 이기도 하다.

그러면 먼저 궁의 변화가 왜 필요한지부터 알아보자.

북파자미두수의 해석은 비성을 날려서 해석을 하는데 출발궁과 도착궁을 연결시켜 해석하는 기법이다. 그런데 두 궁을 연결할 때 표면적인 12궁의 의미로는 깊은 해석을 하지 못하고 숨겨진 내용을 알지 못하는 경우가 발생한다.

예를 들어서 재백궁이 형제궁으로 록을 날리면, 명주는 나의 형제에게 돈을 주는 것을 의미한다. 하지만 궁의 변화의 공식을 적용하면 형제궁은 재백궁의 전택궁으로 변화하게 된다.

이 경우 재백궁이 형제궁으로 록을 날리는 것이 형제궁의 의미가 변화되어,재백궁이 재백궁의 전택궁으로 록을 날리게 되는 것이다. 그러면 형제궁의 의미는 없어지고 저축한다는 의미로 변화하게 된다.

즉, 형제궁이 재백궁의 전택궁이며 그 뜻이 저축(saving)으로 의미 변화를 하게 되는 것이다.

궁의 변화 공식은 두 가지 기법으로 나뉘며, 세부 공식까지 포함하면 세 가지로 나눌 수 있다.

첫 번째는 정점법이며 두 번째는 동류법이다. 정점법은 북파자미두수의 기초가 되는 기법이고, 동류법은 출발궁을 변화시키는 기법과 도착궁을 변화시키는 두 가지의 방법이 있다.

이 책에서는 북파자미두수의 기초가 되는 정점법만 소개한다.

1 정점법定点法

정점법은 영어로는 Reset trigger라고 하는데 말 그대로 출발궁을 명궁으로 Reset하고 도착궁을 변화시키는 방법이다.

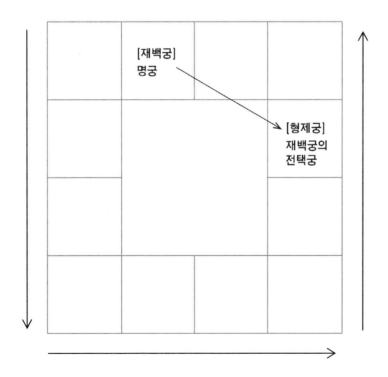

도착궁을 변화시키는 정점법의 단계는 아래와 같다.

1단계 출발궁이 도착궁으로 사화를 날린다.

2단계 출발궁을 명궁으로 고정한다.

3단계 도착궁이 출발궁의 무슨 궁인지 파악한다.
　　　방향은 시계반대방향으로 도착궁까지 칸을 하나씩 옮
　　　기면 된다.

위의 예를 설명하면

1단계 재백궁(출발궁)이 형제궁(도착궁)으로 록을 날린다.

2단계 재백궁을 명궁으로 고정한다.

3단계 재백궁을 명궁으로 고정하고 시계반대방향으로 형제궁
　　　(도착궁)까지 칸을 한 칸씩 옮기면 형제궁은 10번째 칸
　　　(전택궁)이 된다. 그래서 형제궁은 재백궁의 전택궁이
　　　되는 것이다.

　결국은 재백궁이 재백궁의 전택궁으로 록을 날리는 것으로 하
면 된다.

　해석은 저축한다는 뜻이다.

　다음의 12궁별 정점법의 표를 보면 쉽게 이해가 될 것이다.

명 궁	형제궁	부처궁
형제궁의 부모궁	부처궁의 부모궁	자녀궁의 부모궁
부처궁의 복덕궁	자녀궁의 복덕궁	재백궁의 복덕궁
자녀궁의 전택궁	재백궁의 전택궁	질액궁의 전택궁
재백궁의 관록궁	질액궁의 관록궁	천이궁의 관록궁
질액궁의 교우궁	천이궁의 교우궁	교우궁의 교우궁
천이궁의 천이궁	교우궁의 천이궁	관록궁의 천이궁
교우궁의 질액궁	관록궁의 질액궁	전택궁의 질액궁
관록궁의 재백궁	전택궁의 재백궁	복덕궁의 재백궁
전택궁의 자녀궁	복덕궁의 자녀궁	부모궁의 자녀궁
복덕궁의 부처궁	부모궁의 부처궁	형제궁의 형제궁
부모궁의 형제궁	형제궁의 명 궁	부처궁의 명 궁

자녀궁	재백궁	질액궁
재백궁의 부모궁	질액궁의 부모궁	천이궁의 부모궁
질액궁의 복덕궁	천이궁의 복덕궁	교우궁의 복덕궁
천이궁의 전택궁	교우궁의 전택궁	관록궁의 전택궁
교우궁의 관록궁	관록궁의 관록궁	전택궁의 관록궁
관록궁의 교우궁	전택궁의 교우궁	복덕궁의 교우궁
전택궁의 천이궁	복덕궁의 천이궁	부모궁의 천이궁
복덕궁의 질액궁	부모궁의 질액궁	형제궁의 재백궁
부모궁의 재백궁	형제궁의 자녀궁	부처궁의 자녀궁
형제궁의 부처궁	부처궁의 부처궁	자녀궁의 부처궁
부처궁의 형제궁	자녀궁의 형제궁	재백궁의 형제궁
자녀궁의 명 궁	재백궁의 명 궁	질액궁의 명 궁

천이궁	교우궁	관록궁
교우궁의 부모궁	관록궁의 부모궁	전택궁의 부모궁
관록궁의 복덕궁	전택궁의 복덕궁	복덕궁의 복덕궁
전택궁의 전택궁	복덕궁의 전택궁	부모궁의 전택궁
복덕궁의 관록궁	부모궁의 관록궁	형제궁의 교우궁
부모궁의 교우궁	형제궁의 천이궁	부처궁의 천이궁
형제궁의 질액궁	부모궁의 질액궁	자녀궁의 질액궁
부처궁의 재백궁	자녀궁의 재백궁	재백궁의 재백궁
자녀궁의 자녀궁	재백궁의 자녀궁	질액궁의 자녀궁
재백궁의 부처궁	질액궁의 부처궁	천이궁의 부처궁
질액궁의 형제궁	천이궁의 형제궁	교우궁의 형제궁
천이궁의 명 궁	교우궁의 명 궁	관록궁의 명 궁

전태궁	복덕궁	부모궁
복덕궁의 부모궁	부모궁의 부모궁	형제궁의 복덕궁
부모궁의 복덕궁	형제궁의 전택궁	부처궁의 전택궁
형제궁의 관록궁	부처궁의 관록궁	자녀궁의 관록궁
부처궁의 교우궁	자녀궁의 교우궁	재백궁의 교우궁
자녀궁의 천이궁	재백궁의 천이궁	질액궁의 천이궁
재백궁의 질액궁	질액궁의 질액궁	천이궁의 질액궁
질액궁의 재백궁	천이궁의 재백궁	교우궁의 재백궁
천이궁의 자녀궁	교우궁의 자녀궁	관록궁의 자녀궁
교우궁의 부처궁	관록궁의 부처궁	전택궁의 부처궁
관록궁의 형제궁	전택궁의 형제궁	복덕궁의 형제궁
전택궁의 명 궁	복덕궁의 명 궁	부모궁의 명 궁

PART 5

북파자미두수 사안별 Case

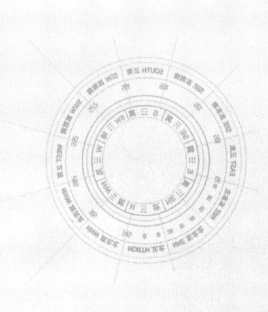

5.1 Case 1 성격, 배우자, 직업

	칠살 임 부처궁		염정(자화록) 갑 명궁
		무곡(생년화권) 무 관록궁	

명궁에 염정(자화록)이 있는 이 사람의 성향은 어떠할까? 염정은 차도화의 별이자 분석의 별이다. 그래서 이 사람은 인생을 살아가면서 많은 여자를 쉽게 만날 운을 타고났다. 똑똑하고 자신의 이익을 위해서 기회를 놓치지 않는 사람이다.

이 사람의 아내는 어떤 사람일까? 아내에 대해서 보려면 우선 부처궁을 살펴야 한다. 부처궁의 별은 칠살이다. 그래서 아내는 독립적이고 남편을 통제하려는 성향이 강하다. 물론 이런 경우 남편의 월급은 당연히 아내가 관리하는 경우가 많다.

직업운은 어떠할까? 직업운을 살피기 위해서 관록궁을 보면 무곡(생년화권)이다.

책임감이 강하고, 리더십으로 인정을 받아 회사에서는 고위직책까지 올라가는 운명이다.

적성에 맞는 직업으로는 군인, 경찰, 검찰, 철강 산업, 보험, IT관련 업무다.

5.2 Case 2 건강과 직업

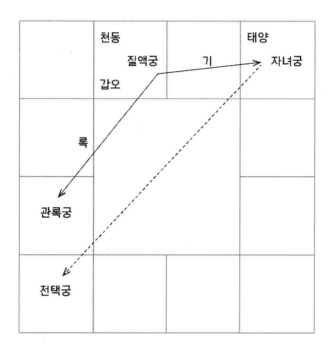

천동이 질액궁에 있으면, 신장이나 방광 관련 질병에 유의해
야 한다. 또한 천동은 행복과 감정의 별이기도 하다. 질액궁이
관록궁에 비성록을 날리니 이 사람은 직장에서 열정적이며, 안
정적으로 일을 하는 것을 나타낸다. 일은 열심히 하지만 그것으
로 인해 전택궁을 충하니 가족과 시간을 적게 보낸다는 것을 알
수 있다.

Case 3 부의 원천 Source of wealth

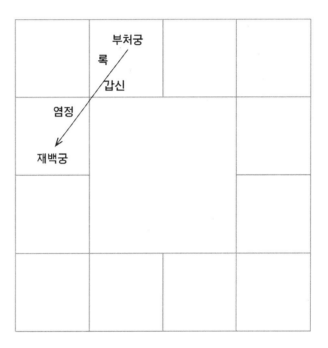

이 사람은 부처궁이 재백궁에 록을 날리고 있는데 결혼을 한 후에 재물운이 상승한다는 의미이다.

만약 자녀궁이 재백궁에 록을 날리면 자녀를 가진 이후에 재물운이 상승한다는 의미이다.

	대한 전택궁	자녀궁	
			대한 천이궁 임유
교우궁		기	
관록궁	무곡 대한 부처궁 전택궁		

5.4 / Case 4 차 사고

사고가 언제 일어나는지 보는 방법은 여러 가지가 있으나 위의 사례는 10년 대한기간에 사고가 발생함을 알 수 있다. 대한 천이궁이 자녀궁을 충하는 그 대한에 교통사고가 발생했다.

이는 천이궁이 자녀궁을 충하는데 자녀궁은 천이궁의 전택궁으로 궁의 의미가 변화되어 자동차(car)라는 의미가 된다. 그래서 교통사고가 발생한다는 의미이다. 간단히 암기로 한다면 10년 대한에 교통사고의 공식 중 하나는 대한 천이궁이 자녀궁을 충하는 기간이라고 알아두면 된다.

5.5 / Case 5 이사

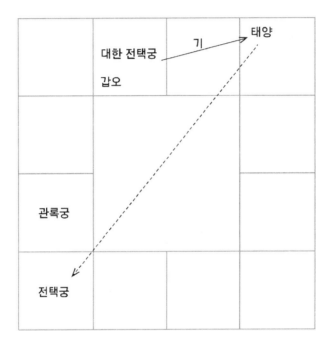

북파자미두수에서 이사를 하거나 집을 매매하는 공식 중 하나
이다. 이사를 한다는 것은 집을 떠난다는 의미이므로 전택궁이
충하는 것을 보면 된다.

대한 전택궁이 전택궁을 충할 때 이사를 하게 된다.

5.6 / Case 6 삼각관계

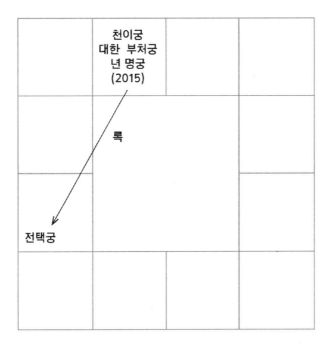

북파자미두수에서 결혼이 아닌 삼각관계를 보는 방법도 여러 가지가 있으나 위의 명반은 천이궁, 대한 부처궁에서 전택궁에 록을 날린 2015년도에 삼각관계가 발생한 명반이다.

PART **6**

북파자미두수
명반리딩 예시

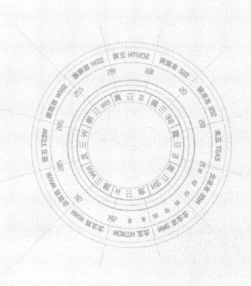

6.1 / 삼각관계

북파자미두수에서 중요한 것은 생년사화와 자사화 그리고 비성이 가장 중요하다. 그래서 12궁을 모두 읽는 것이 아니라 생년사화나 자사화가 있는 궁을 해석하고, 비성을 날려서 해석을 한다.

이 명반은 명궁, 천이궁, 교우궁, 관록궁, 전택궁에 생년사화와 자사화가 있다.

해석 순서는 자사화/생년사화 → 비성사화로 명반을 읽으면 된다.

- **명궁**(자화록, 염정) : 대화를 좋아하고, 정리정돈을 잘하며, 기획에 재능이 있다.
- **천이궁**(자화록, 탐랑) : 해외에 나가는 것을 좋아하고 열정적이며, 탐랑이 도화의 별이므로 해외에서 로맨스 운이 길하다.
- **교우궁**(생년화록, 태양, 생년화과, 태음, 좌보, 우필) : 친구들과 관계가 좋으며 도움의 손길을 쉽게 받는다.
- **관록궁**(생년화권, 무곡) : 직장에서 부하직원들을 통제하고 권위가 강하다.
- **전택궁**(생년화기, 자화권) : 집 주위의 환경이 길하지 않고 집을 사는 데 어려움이 있다.

부처궁이 자녀궁으로 록을 날려 배우자와 자녀와의 관계가 좋다.

유출기(부처궁 → 관록궁)
1. 배우자를 직장에서 만난다.
2. 삼간관계에 연루된다(관록궁은 부처궁의 천이궁).

위의 예시처럼 북파자미두수는 출발궁과 도착궁을 이동시켜 해석을 하게 된다.

별	대한궁	본궁	년궁	월궁	간지	나이	서기	번호
염정	대재백	명궁	년명궁	월련록	갑신	2-11	2016	47
	대자녀	부모궁	년부모	월교아	을유	12-21	2017	48
파군	대부처	복덕궁	년복덕	월전이	병술	22-31	2018	49
전동	대형제	전택궁	년전택	월질액	정해	32-41	2019	50
문창 문곡	대질액	형제궁	년형제	월전택			2015	46
무곡 전부	대명궁	권록궁	년권록	월재백	무자	42-51	2020	51
칠살 / 록	대천이	부처궁	년부처	월복덕	임오		2014	45
태양 음 부 좌 아 / 기축	대부모	교아궁	년교아	월자녀	기축	52-61		
록 / 자미 천상	대교우	자녀궁	년자녀	월명궁	신사	92-101	2013	44
	대관록	재백궁	년재백	월형제	경진	82-91	2012	43
천기 거문	대천택	질액궁	년전택	월형제	기묘	72-81	2011	42
탐랑	대복덕	천이궁	년천이	월부처	무인	62-71		

유출기

163

6.2 직장 스트레스

명궁이 관록궁으로 기를 날려 명주는 업무에 대해 걱정도 많고 스트레스를 받는 것을 의미한다.

관록궁만 보면 관록궁은 문창(생년화기)인데 문창(생년화기)은 문서의 문제를 의미한다. 결국 명주는 회사에서 문서나 서류 업무로 스트레스를 받는 것을 알 수 있다. 물론 문창 자체의 의미는 서류라는 의미도 있지만 스트레스나 걱정이라는 의미도 함께 포함한다.

巳 계사(癸巳)	午 갑오(甲午)	未 을미(乙未)	申 병신(丙申)
천부 문창 ☆ / 대복덕 관록궁 / 계사 45-54 / 년자녀 을천이	천동 태음 / 대전택 교우궁 / 갑오 55-64 / 년부처 을질액	무곡 탐랑 / 대관록 천이궁 / 을미 65-74 / 년형제 을재백 / 25 · 2015	태양 거문 좌보 ☆☆ / 대교우 질액궁 / 병신 75-84 / 년명궁 을사녀 / 26 · 2016

辰 임진(壬辰)			酉 정유(丁酉)
대부모 전택궁 / 임진 35-44 / 년재백 을천이 / 34 · 2024			천상 문곡 ☆ / 대천이 재백궁 / 정유 85-94 / 년부모 을부처 / 27 · 2017

卯 신묘(辛卯)			戌 무술(戊戌)
대명궁 복덕궁 / 신묘 25-34 / 년질액 을관록 / 33 · 2023			천기 천량 / 대질액 자녀궁 / 무술 95-104 / 년복덕 을형제 / 28 · 2018

寅 경인(庚寅)	丑 신축(辛丑)	子 경자(庚子)	亥 기해(己亥)
염정 파군 / 대형제 부모궁 / 경인 15-24 / 년천이 을전택 / 32 · 2022	대부처 명궁 / 신축 5-14 / 년교우 을복덕 / 31 · 2021	대자녀 형제궁 / 경자 / 년관록 을부모 / 30 · 2020	자미 칠살 / 대재백 부처궁 / 기해 / 년전택 을명궁 / 29 · 2019

6.3 / 부동산 커미션 직업

재백궁이 전택궁으로 록을 날리니 돈을 부동산에 투자하여 부동산과 관련되는 일로 돈을 버는 것을 의미한다.

교우궁이 재백궁으로 록을 날려 커미션을 받아 돈을 버는 것을 알 수 있다. 그래서 두 가지를 동시에 해석해서 부동산과 관련된 커미션 비즈니스 사업을 영위하는 것을 의미한다. 또한 재백궁이 형제궁을 충을 해서 저축을 하지 못한다는 것을 의미한다.

지지 / 대한	주성	대한궁	본명궁	유년궁	세	월	년
기사 3-12 (전통)	무곡 파군 좌보	대자녀	명궁	년자녀	33	1월	2001
경오 13-22	태양	대부처	부모궁	년부처	34	2월	2002
신미 23-32	천부	대형제	복덕궁	년형제	35	3월	2003
임신 33-42	천기 태음	대명궁	전택궁	년명궁	36	4월	2004
계유 43-52	자미 탐랑 우필	대부모	관록궁	년부모	37	5월	2005
갑술 53-62	거문	대복덕	교우궁	년복덕	38	6월	2006
을해 63-72	천상	대전택	천이궁	년전택	39	7월	2007
병자 73-82	천량 문창	대관록	질액궁	년관록	40	8월	2008
정축 83-92	염정 칠살	대교우	재백궁	년교우	41	9월	2009
병인 93-102	문곡	대천이	자녀궁	년천이	42	10월	2010
정묘		대질액	부처궁			11월	
무진		대재백	형제궁			12월	

중앙: 록

태양

무곡 파군 좌보	태양 ✿	전부 ✿	전기 태음
기사 3-12 / 대자녀 년자녀 1월 / 명궁 33 2001	경오 13-22 / 대부처 년부처 2월 / 부모궁 34 2002	신미 23-32 / 대청제 년청제 3월 / 복덕궁 35 2003	임신 33-42 / 자미 탐랑 우필 / 대명궁 년명궁 4월 / 전택궁 ☼✿ 36 2004
전동			계유 43-52 / 대부모 년부모 5월 / 관록궁 37 2005
무진 / 대재백 형제궁 년재백 12월			거문
정묘 / 대질액 부처궁 년질액 11월		전량 문창 / 병자 73-82 / 대관록 년관록 8월 / 질액궁 ✿ 40 2008	갑술 53-62 / 대복덕 년복덕 6월 / 교우궁 38 2006
문곡 ✿	염정 칠살 / 정축 83-92 / 대교우 년교우 9월 / 재백궁 41 2009		천상 / 을해 63-72 / 대전택 년전택 7월 / 전이궁 39 2007
병인 93-102 / 대천이 년천이 10월 / 자녀궁 42 2010			

기

6.4 대한 파재

대한 재백궁(decade-wealth)이 염정(자화기)인데, 염정은 체계적(systematic)이라는 의미임에도 불구하고 자화기가 있어 돈을 잘 관리하지 못해서 10년 대한(2010~2019)에 재물 손실이 있음을 의미한다. 특히 2014년에 재물 손실이 발생했다. 또한 대한 재백궁이 질액궁에 록을 날려 이 명주는 자신의 즐거움을 위해서 돈을 쓰는 것을 의미한다.

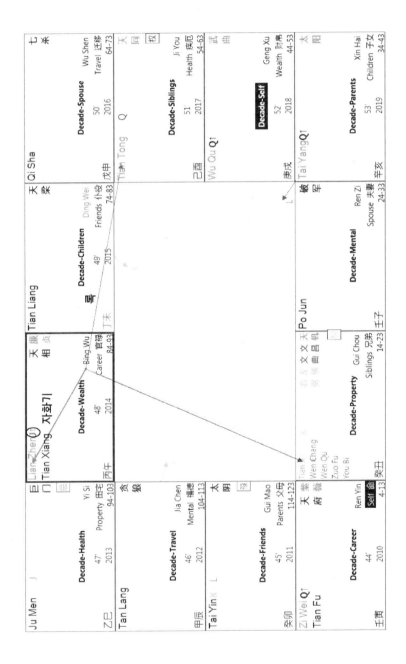

6.5 연애운

   연애운은 부처궁(Spouse)을 보면 되는데 비성사화 공식에 의해 부처궁에서 각 궁으로 록권과기의 사화를 날리게 된다. 부처궁이 교우궁으로 록을 날리고 천이궁에 과를 날려 명주는 자신이 속한 소셜네트워크나 여행에서 만나는 사람들과 연애운이 있고, 부처궁이 천량이 있는 부모궁에 권을 날려 명주는 나이 차이가 많은 배우자를 만날 운을 타고났음을 알 수 있다.

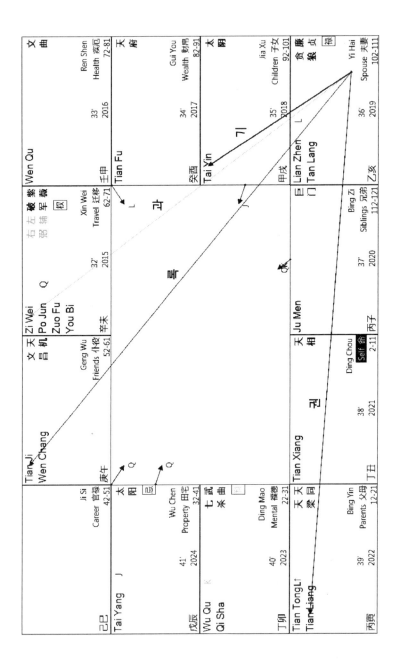

부록
ziwei.asia
무료 명반 활용법

　ziwei.asia 사이트에서 북파자미두수 명반을 무료로 사용할 수 있다.

1. PC에서 사이트를 접속하기 위해서는 먼저 Explore가 아닌 Google chrome을 설치한다.
   ziwei.asia 사이트 주소를 입력 후 "Free ZiWei Chart"를 click한다(ziwei.asia 사이트는 PC에서 explore는 지원되지 않는다). 스마트폰이나 패드에서는 그냥 ziwei.asia 주소를 입력하면 된다.

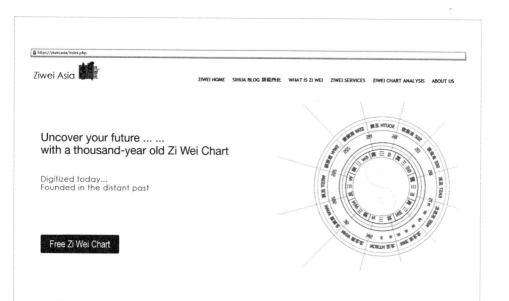

2. Name(이름), Date & Time of Birth(생년월일시), Language
(언어), Flaver(차트종류), Gender(성별)를 입력한다. 생년월
일시는 양력으로 입력하고, Flavor는 Classic Chart(Free)를
선택 후 아래의 Zi Wei Chart를 Click한다.

3. 궁에 마우스 커서를 대면 록(녹색), 권(보라), 과(노랑), 기
(빨강) 4가지 색이 나타난다. 커서를 위치한 궁이 출발궁이
며, 색깔이 변한 4가지 궁이 도착궁이 된다.

아래의 예시는 재백궁이 형제궁으로 록을 날리고, 자녀궁
으로 권을 날리며, 명궁으로 과를 날리고, 복덕궁으로 기를
날리는 것을 의미한다.

그리고 명반 가운데의 analysis guide를 click하면 북파자
미두수의 기본 설명을 볼 수 있다. 일부는 한글로 번역이
되어 있고 일부는 영어로 되어 있다.

자사화

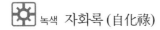 녹색 자화록 (自化祿)

보라 자화권 (自化权)

노랑 자화과 (自化科)

빨강 자화기 (自化忌)

생년사화

녹색 생년화록 (生年化祿)

보라 생년화권 (生年化权)

노랑 생년화과 (生年化科)

빨강 생년화기 (生年化忌)

유출사화

➤ 녹색 유출록 (流出祿)

➤ 파랑 유출권 (流出权)

➤ 빨강 유출기 (流出忌)

DOB : 1991-May-01
생일 : 년신미/3월/17일/(축시)

Analysis Guide ▷

Premium Chart
Ziwei Asia · 胡說閑化

인터넷에 연결하지 않고 PC에서 바로 사용할 수 있는 프로그램은 www.lilianhengacademy.com에서 구매가 가능하다. 가격은 USD 250이고 USB key가 있어 1개의 PC에서만 사용이 가능하다.

이 프로그램은 록권과기충이 모두 선으로 표시되며, 커서를 궁에 위치하면 궁의 변화 내용이 자동으로 표시된다.

이 프로그램의 특별한 기능은 쌍둥이 명반도 자동으로 포국이 된다. 언어는 영어와 중국어로만 표기된다.

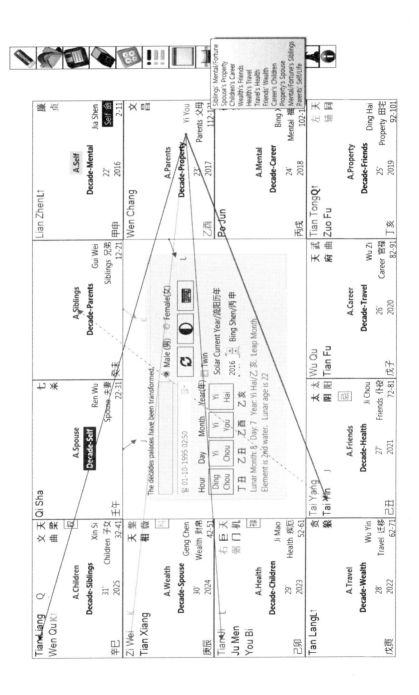

참고

천간, 지지, 12궁, 성계의 중국어, 한글, 영어 표기

1) 12궁

命宮	명 궁	Self
兄弟	형제궁	Siblings
夫妻	부처궁	Spouse
子女	자녀궁	Children
財帛	재백궁	Wealth
疾厄	질액궁	Health
迁移	천이궁	Abraod(Travel)
交友(仆役)	교우궁	Friends
官禄	관록궁	Career
田宅	전택궁	Property
福德	복덕궁	Mental(Happiness)
父母	부모궁	Parents

2) 성계

紫微	자미	Zi Wei
廉貞	염정	Lian Zhen
天同	천동	Tian Tong
武曲	무곡	Wu Qu
太陽	태양	Tai Yang
天機	천량	Tian Ji
天府	천부	Tian Fu
太陰	태음	Tai Yin
貪狼	탐랑	Tan Lang
巨門	거문	Ju Men
天相	천상	Tian Xiang
天梁	천량	Tian Liang
七殺	칠살	Qi Sha
破軍	파군	Po Jun
左輔	좌보	Zuo Fu
右弼	우필	You Bi
文昌	문창	Wen Chang
文曲	문곡	Wen Qu

3) 천간

甲	갑	Jia	乙	을	Yi
丙	병	Bing	丁	정	Ding
戊	무	Wu	己	기	Ji
庚	경	Geng	辛	신	Xin
壬	임	Ren	癸	계	Gui

4) 지지

子	자	Zi	丑	축	Chou
寅	인	Yin	卯	묘	Mao
辰	진	Chen	巳	사	Si
午	오	Wu	未	미	Wei
申	신	Shen	酉	유	You
戌	술	Xu	亥	해	Hai

지은이

제이 jkimb@naver.com

ZWDS Master of Ziwei Asia
Ziwei dou shu pratcioner of Ziwe.Asia
Ziwei dou shu Master Practioner of Ziwei.Asia

ZWDS Master of LILIAN METAPHYSICS SCIENCE
Zi Wei dou shu Practioner module1 수료
Zi Wei dou shu Practioner module2 수료
Zi Wei dou shu Practioner module3 수료
Zi Wei dou shu Master Enhancement Workshop 수료

cafe.naver.com/kpua
(네이버 "타로와 최면" 카페를 참조하세요)

왕초보!!

북파자미두수

초판 1쇄 인쇄   2016년 6월 22일
초판 1쇄 발행   2016년 6월 27일
초판 2쇄 발행   2017년 5월 17일

지 은 이| 제   이
펴 낸 이| 하운근
펴 낸 곳| 學古房

주   소| 경기도 고양시 덕양구 통일로 140 삼송테크노밸리 A동 B224
전   화| (02)353-9908   편집부(02)356-9903
팩   스| (02)6959-8234
홈페이지| http://hakgobang.co.kr
전자우편| hakgobang@naver.com, hakgobang@chol.com
등록번호| 제311-1994-000001호

ISBN   978-89-6071-593-6   03180

값 : 13,000원

이 도서의 국립중앙도서관 출판예정도서목록(CIP)은 서지정보유통지원시스템 홈페이지
(http://seoji.nl.go.kr)와 국가자료공동목록시스템(http://www.nl.go.kr/kolisnet)에서 이용
하실 수 있습니다. (CIP제어번호 : CIP2016015346)